LA
GENIOCRAZIA

"Niente nell'universo può resistere ad un numero sufficientemente grande di intelligenze riunite ed organizzate".

TEILHARD DE CHARDIN

LA GENIOCRAZIA

I Geni Al Governo Del
Popolo, Per Il Popolo

RAEL

Tradotto dal libro "La Geniocratie" scritto in lingua francese da Rael, originariamente pubblicato nel 1977 da "La Fondation Raëlienne".

ISBN-10: 2-940252-25-4
ISBN-13: 978-2-940252-25-1

Editore: Nova Distribution
L'editore può essere contattato a: publisher@rael.org

Ringraziamenti:
Editore capo e Project Manager: Cameron Hanly
Composizione e Design: Cameron Hanly e Line Gareau
Cover Art: Julian Winfield e Cameron Hanly
Traduzione: Marco Franceschini

Le foto di copertina sono di pubblico dominio.

INDICE GENERALE

Grafici

Prefazione di Marcel Terrusse

Ingegnere chimico

Questo libro scritto da Rael mi ha fatto vibrare di entusiasmo.

Tutti noi sentiamo con tristezza l'incertezza del nostro avvenire e questo libro dissipa le nostre apprensioni, mostrandoci che esistono soluzioni ai problemi politici, economici, sociali con i quali ci confrontiamo. Ci fa anche prendere coscienza che la gestione del nostro pianeta, del suo assetto, della sua organizzazione, richiedono scelte ad un livello di responsabilità molto, troppo alto perché vengano lasciate all'iniziativa dei politici tradizionali.

Abbiamo consacrato molti sforzi allo sviluppo di una società tecnologica, ma abbiamo conservato le abitudini che abbiamo ereditato dal passato. Le nostre strutture sociali e politiche si rivelano sempre di più sorpassate.

Dobbiamo prendere coscienza che il nostro pianeta è un villaggio e che le sorti di tutti gli esseri umani sono legate fra loro. La nostra stessa sopravvivenza dipende direttamente da questa presa di coscienza e dallo sforzo di ogni singolo individuo volto a sviluppare tolleranza e amore, a far tacere la nostra aggressività e a calmare le nostre passioni.

Per evitare i pericoli derivanti dalle nostre pulsioni aggressive, la ragione deve prendere il potere.

È un non-senso portare un giudizio di valore nei confronti della scienza. La conoscenza è una cosa auspicabile e sono le decisioni politiche, o le volontà di interessi particolari, che orientano le applicazioni di questa conoscenza e fanno sì che il pubblico accolga con favore le scoperte vantaggiose o si spaventi di fronte al pericolo di un loro possibile cattivo utilizzo. Si tratta di un problema di politica, di scelta della società, ma anche di generosità e di altruismo.

È la presa di coscienza della nostra cecità e del nostro irrealismo che ci permetterà di cambiare la nostra società.

Sono la lucidità, il coraggio, il pragmatismo, l'intelligenza che ci permetteranno di entrare nell'Era d'Oro governata dal Genio.

Devo dire che sono rimasto profondamente impressionato dalle proposte di democrazia selettiva contenute in questo libro e dal progetto di istituzione di una società geniocratica, ed aderisco totalmente a questa azione.

Durante la lettura di quest'opera, sono stato colpito dalla chiarezza del ragionamento e dalla semplicità dell'esposizione che, partendo dalla constatazione dei nostri metodi attuali, giunge a proporci una trasformazione totale delle nostre abitudini e della nostra società.

Questo libro è il frutto delle meditazioni di un uomo superiormente intelligente; è il risultato di uno straordinario lavoro di sintesi effettuato con la più grande lucidità. È stato guidato da un profondo amore per gli esseri umani e dal solo pensiero di preservare i loro veri interessi, e non gli interessi materiali particolari di una minoranza che può continuare ad esistere soltanto chiudendosi in un bozzolo protettivo, isolandosi dietro a delle frontiere o dietro al baluardo delle loro casseforti.

È forse ammissibile che i dirigenti politici siano l'emanazione di una popolazione intossicata, manipolata, incapace di fare una lucida scelta?

Questo libro indisporrà alcuni, ma che peso hanno gli interessi particolari di fronte all'interesse collettivo?

Questo libro di Rael è il libro della speranza. Sarà necessario un enorme sforzo da parte di tutti perché le sue idee vengano concretizzate. Ma che gioia quando ciò avverrà! Che serenità nel poter vivere con fiducia in una società che sarà fondata sui soli veri valori, quelli legati all'individuo ed alla sua intelligenza.

Noi siamo padroni del nostro destino, e dipende solo da noi entrare nell'Era d'Oro governata dalla ragione o fare in modo che l'esperienza alla quale l'uomo partecipa da millenni, il progresso stesso dell'Umanità, abbia termine.

Noi siamo i soli responsabili dei nostri atti.

A noi capire. A noi agire.

La *Geniocrazia* di Rael è per me il libro dell'Amore, del Genio e della Speranza.

Prefazione di Michel Deydier

Psicologo

Di tutte le essenze del mondo, l'intelligenza è quella che ne costituisce l'energia più pura e la più assimilabile.

È solo attraverso il cervello ed i suoi atti intelligenti che l'uomo organizza la propria sfera vitale, ed in nessun altro modo. Quando quest'uomo decide di inserirsi in un gruppo, egli amplia la sua nuova sfera vitale che, per evitare di decadere, dev'essere modificata nella sua organizzazione.

Questo fondamento psico-sociologico è stato sempre tradotto in realtà dalle menti capaci di buona sintesi. Sarebbe insensato negare le esistenze psicobiologiche in seno alla sociologia, ed anche l'ineguaglianza nelle strutture cervicali animali ed umane. Questo ci porta quindi a confrontarci con la presenza di una gerarchia dei livelli di coscienza, di riflessione.

L'insensato, il demone dell'irrazionale, sta a poco a poco morendo nei laboratori di neuropsicologia dove sta nascendo, da qualche anno a questa parte, una conoscenza sempre più profonda dell'organizzazione biostrutturale.

Non dovremmo perdere quest'opportunità. Il sapere scientifico non è un capitale più o meno segreto riservato ad una piccola elite... almeno non dovrebbe più esserlo.

In questo libro Rael ha analizzato e poi sintetizzato, in un prodigioso lavoro, i dati fondamentali della nostra civiltà.

I problemi dello sboccio psicologico dell'individuo vengono affrontati con una grande correttezza. I principi ed i piani sociali d'azione corrispondono con esattezza inaudita alle necessità psicobiologiche dell' individuo. Metterei inoltre in evidenza, dal punto di vista dello specialista, la proposta di fondare dei centri di sboccio in cui ognuno possa raggiungere, secondo i propri desideri, la pienezza mentale grazie a delle tecniche di liberazione dalle inibizioni, di sblocco, di risveglio della creatività. In questi centri i nostri figli potrebbero conoscere ciò che noi non abbiamo conosciuto riguardo all'utilizzo normale delle possibilità potenziali, delle attitudini e dei gusti della personalità.

Ma lo sboccio non è il solo vantaggio che possiamo attenderci. Ora è possibile svelare in modo psicanalitico nel bambino, nell'adolescente o nell'adulto, alcune tendenze negative come: autodistruzione, aggressività, tendenza criminale, sadismo ed inibizioni.

È quindi possibile intraprendere un'azione di individuazione allo scopo di prevenire il crimine prima che vengano finalmente scoperti i mezzi per guarirlo, e di evitare la quasi totalità delle aggressioni e dei delitti.

Ma non spetta a me in questo contesto sviluppare le ricchezze contenute in questa opera. Ogni essere umano è dotato di un pensiero che ha convenienza ad utilizzare con la massima obiettività.

Questo senso umanista, quello che mi piacerebbe evidenziaste nella vostra attitudine nei confronti del Movimento Geniocratico Mondiale, lo troverete nella sua vera veste nelle pagine che seguono, una veste composta di scienza, di genio e... d'Amore.

INTRODUZIONE

Questo libro è rivolto a tutti quegli esseri umani che vogliono che la guerra mondiale del 1939-1945 sia davvero l'ultima e che la bomba atomica sganciata su Hiroshima sia anch'essa l'ultima ad aver sterminato degli innocenti; agli scienziati, ai geni ed agli inventori che sono stanchi di vedere le proprie scoperte sfruttate dai poteri politici e militari a scopo omicida; agli uomini che non sono né scienziati, né geni, né inventori, ma che pensano che gli uomini più adatti a prendere in mano i destini del mondo per farlo uscire dal marasma e dalla permanente minaccia di distruzione totale in cui è immerso oggi, siano quelli che hanno maggiore immaginazione e che sono capaci di inventare ed applicare delle strutture mondiali nuove e adatte alla nostra civiltà, ovvero gli scienziati, i geni e gli inventori.

Governare è prevedere; quelli che governano non hanno previsto nulla, sono dunque incapaci di governare.

Ma perché quelli che governano sono degli incapaci? Perché sono stati eletti democraticamente alla loro carica. La democrazia totale non tiene in alcun conto l'intelligenza degli elettori, e questo fa in modo che il voto di un Einstein non valga più di quello dell'ultimo degli imbecilli; e poiché ci sono più imbecilli che Einstein, noi siamo sottomessi ad una dittatura dell'imbecillità. Dobbiamo soltanto guardarci intorno per constatare gli effetti derivanti da una tale dittatura.

La democrazia selvaggia può essere soltanto una "mediocrazia", visto che le persone dall'intelligenza media sono necessariamente le più numerose (mediocre viene dal latino medius: che sta nel mezzo).

La Geniocrazia consiste nel mettere al potere, grazie ad una democrazia selettiva, coloro che hanno un'intelligenza superiore alla media, e non quelli che hanno fatto più studi in grandi scuole, come accade oggi. Esistono geni sia fra gli operai o i contadini, che fra gli ingegneri. È questo tipo di persone che deve prendere in mano i destini dell'Umanità prima che sia troppo tardi.

Desiderare che il mondo sia governato da persone che sono più intelligenti della media, non è forse la minima delle cose?

Sono sempre esistiti dei profeti millenaristi che annunciavano la fine del mondo, ma non adducevano alcuna motivazione scientifica per sconvolgere le popolazioni. Ora questi "profeti millenaristi" sono degli scienziati eminenti, dei filosofi totalmente atei ed anche dei capi di Stato perché, per la prima volta in tutta la storia dell'Umanità, l'uomo ha nelle proprie mani il potere di distruggere completamente ogni forma di vita sulla Terra e il potere di autodistruggersi in un formidabile cataclisma nucleare.

Questo non è mai accaduto per millenni e millenni, fin da quando l'uomo esiste sulla terra. Noi abbiamo la fortuna, dico bene "la fortuna", di vivere proprio in quest'epoca. La fortuna di essere responsabili della fine dell'esistenza della nostra specie o dell'entrata dell'uomo nell'Era d'Oro, in una civiltà nuova, volta all'amore, alla fraternità ed alla realizzazione dell'essere umano.

Voi che vi accingete a leggere ciò che segue, siete fra i responsabili di quest'ultima scelta che dobbiamo fare di fronte alle generazioni che seguiranno o... che non seguiranno. Non leggete queste righe come uno spettatore indolente, ma come un attore, poiché si tratta di voi, della vostra vita... o della vostra morte!

I. Origine della Geniocrazia

Breve Storia Dei Tipi Di Governanti

"La Repubblica non ha bisogno di sapienti". Frase pronunciata da Lavoisier al momento del giuramento.

"Ogni uomo è abbrutito per mancanza di scienza".

LA BIBBIA, GEREMIA X

Come sono stati governati gli uomini da quando esistono? Dapprima furono i più forti che imposero la propria legge agli altri, fisicamente, è il caso di dirlo.

I forti accumularono beni e ricchezze, grazie alla loro forza.

I figli dei forti ereditarono queste ricchezze, e si passò così da un governo dei forti ad un governo dei possidenti.

I possidenti hanno governato ed avuto il tempo di acquisire delle conoscenze grazie alle scoperte fatte dai più intelligenti dei loro sudditi.

Poi hanno fatto ben attenzione a non dare queste conoscenze a tutti, al fine di instaurare un governo di conoscitori.

I conoscitori hanno sfruttato, oppresso e maltrattato il popolo, tentando di far credere ad una superiorità ereditaria.

Il popolo, alla fine, ha rovesciato i conoscitori e ha eletto a governarlo altri conoscitori.

E fu il "sapere al potere".

Ma il sapere non è intelligenza. E tutto va storto. Il sapere è soltanto una memorizzazione che un qualsiasi computer può effettuare, ma

2

non consente di trovare soluzioni ai problemi.

Allora il "sapere governante" si è servito delle invenzioni dei geni per affermare il proprio potere, sfruttando a scopi omicidi ciò che inventori ben intenzionati scoprivano.

Poi il "sapere governante" ha creato grandi scuole dove si apprende ad amministrare; questi laureati in scuole rinomate hanno appreso a governare servendosi delle invenzioni degli altri e sfruttandole a proprio vantaggio.

Il genio al potere deve rimpiazzare il sapere al potere. Le grandi scuole non producono alcun genio, ma soltanto memorie ben guarnite. Non è necessario provenire da una grande scuola per possedere il buon senso, l'intelligenza.

Ed ogni generazione porta con sé degli inventori che il potere utilizza per mettere in pericolo la sopravvivenza della specie umana. E gli inventori, sfruttati e traditi, si lamentano nel vedere le proprie invenzioni utilizzate per uccidere degli innocenti.

Tutto questo non può più durare!

È giunto il tempo di mettere al potere i soli uomini che fanno e che hanno sempre fatto progredire l'Umanità. Non si tratta né dei bruti muscolosi, né dei possidenti, né dei conoscitori, né dei politici, né dei militari, che hanno avuto tutti occasione di dimostrare che cosa fossero in grado di fare mentre governavano il mondo, ma dei soli che non hanno mai avuto occasione di dimostrare ciò che sapevano fare: i geni!

Se Einstein avesse saputo quello che avrebbero fatto con la sua invenzione, non avrebbe mai dato il permesso di utilizzarla. Ma quando lo ha capito, era ormai troppo tardi. I bruti organizzati, ovvero i militari, volavano già nei loro bombardieri verso Hiroshima...

È ormai giunto il tempo che i geni si riuniscano ed esigano di essere i soli a decidere come verranno utilizzate le loro invenzioni, respingendo tutte le pressioni politiche e militari che vengono esercitate su di loro. Essi devono affermare la loro indipendenza ed il loro pensiero non-violento.

È ormai giunto il tempo che gli esseri umani utilizzino la materia prima più importante che hanno a disposizione: i geni.

Evoluzione Dei Tipi Di Governo

Tipo di governanti	Ragione per la quale governano:	Capacità particolari:
Bruti	Forza	Forza muscolare
Possidenti	Hanno ereditato le ricchezze accumulate dai bruti che permettono loro di pagare uomini forti per farsi rispettare.	Ricchezza
Possidenti	Conservazione gelosa delle conoscenze, oltre alla solita protezione da parte di uomini forti pagati allo scopo.	Ricchezza
Conoscitori	Eletti dal popolo che ha sovvertito i possidenti che lo opprimevano.	Conoscenza e ricchezza, che permettono loro di farsi della pubblicità.
Militari	Utilizzazione delle conoscenze messe al servizio della violenza organizzata.	Detenzione di armi ed utilizzo di tecniche di condizionamento per spingere giovani uomini a fare qualsiasi cosa quando viene impartito loro un ordine.
Geni	Intelligenza	Buon senso, immaginazione, spirito di sintesi, in una parola: genio.

Come Mettere I Geni Al Potere

"Le persone intelligenti brilleranno come lo splendore del firmamento e quelle che hanno portato la giustizia come le stelle".

LA BIBBIA, DANIELE XII.

L'Umanità può essere paragonata ad un corpo umano di cui ogni cellula è un individuo. Alcune cellule sono fatte per far parte di una parte del corpo che serve all'insieme per spostarsi o digerire il nutrimento, ecc., ed alcune di esse fanno parte dell'organo incaricato di prendere le decisioni, di scegliere la direzione nella quale il corpo deve andare, quale nutrimento deve assorbire, ecc. ; quest'organo è il cervello.

Le cellule del cervello sono le più adatte a svolgere le loro mansioni, ed è per questo che si trovano in quest'organo. Non è perché le altre cellule ce le abbiano messe dopo un'elezione... Nell'Umanità, disgraziatamente, è proprio ciò che accade. Così alcune cellule fatte per essere nei piedi si trovano nel cervello, e questo spiega i problemi che ben conosciamo...

Non esiste superiorità delle cellule del cervello rispetto a quelle dei piedi, bensì complementarietà, poiché il cervello senza il piede non potrebbe spostarsi, e dunque non sopravvivrebbe. Il piede senza il cervello non saprebbe in quale direzione andare, ed anch'esso non sopravvivrebbe. D'altra parte non si dice frequentemente che una persona "stupida" ragiona con i piedi?...

È dunque necessario che quelli più adatti degli altri a pensare, a riflettere, ad immaginare, vengano utilizzati dalla società per dirigerla, proprio come il corpo umano utilizza le cellule del cervello a questo scopo.

Mettere i geni al servizio dell'Umanità, ecco in cosa consiste la *Geniocrazia*.

Democrazia Selvaggia O Mediocrazia

"Non è perché nessuno vede la verità che essa diventa un errore."

Gandhi

Ciò che chiamiamo oggi democrazia, è in realtà una mediocrazia, poiché è costituita da persone che hanno un'intelligenza media. Esse sono le più numerose e di conseguenza le loro decisioni, al momento degli scrutini, prevalgono.

Così come possiamo osservare nella curva di Gauss della pagina successiva, che presto definiremo grazie a dei test molto sofisticati, nella popolazione attuale si trova soltanto lo 0,5% di superdotati o di geni, ed i voti di questi geni sono annullati al momento stesso del voto dai voti dei minorati, che rappresentano anch'essi lo 0,5% della popolazione!

Le persone dotate sono soltanto il 2%, ed i loro voti vengono annullati da quelli degli idioti, che sono anch'essi il 2%!

Quelli la cui intelligenza si pone tra il 10 ed il 30% al di sopra della media, che sono circa il 25% della popolazione, vedono anch'essi i loro voti annullati da quelli il cui livello di intelligenza è inferiore alla media del 10-30%, che rappresentano anch'essi il 25% della popolazione.

Quindi, in definitiva, al momento degli scrutini, prevalgono proprio le persone che hanno un'intelligenza media, dunque mediocre (la parola mediocre deriva dal greco medios e dal latino medius che significa medio), visto che rappresentano il 45% della popolazione.

Ecco perché questa forma di democrazia è nei fatti una mediocrazia.

La Geniocrazia: una Democrazia Selettiva

"Quelli che non si tirano mai indietro, si amano più della verità"

J. Joubert

I principi di base della *Geniocrazia* consistono nel sottoporre l'insieme della popolazione a dei test scientifici volti a misurare l'intelligenza del singolo, nel dare il diritto di voto soltanto a quelli la cui intelligenza allo stato grezzo (non corrispondente al numero di diplomi conseguiti) è superiore alla media almeno del 10%, e nel permettere di essere eleggibili soltanto agli uomini la cui intelligenza allo stato grezzo è superiore del 50% dalla media (i geni).

Cosa c'è di più naturale che desiderare che quelli che ci governano siano effettivamente i più intelligenti!

Le misurazioni scientifiche dell'intelligenza dei singoli individui devono essere effettuate utilizzando dei test che non favoriscano in alcun modo quelli che hanno frequentato le grandi scuole e conseguito molti diplomi. Esse devono invece porre su un piano d'uguaglianza operai, contadini ed ingegneri. I geni che avranno accesso al potere potranno provenire da tutte le classi sociali, da tutte le razze e da entrambe i sessi. Si tratta dunque sempre di una democrazia, ma di una democrazia selettiva.

Come mostra la curva di Gauss della Geniocrazia, questo sistema evita che i voti dei geni, dei dotati e di coloro che sono al di sopra della media, vengano annullati da coloro che sono al di sotto della

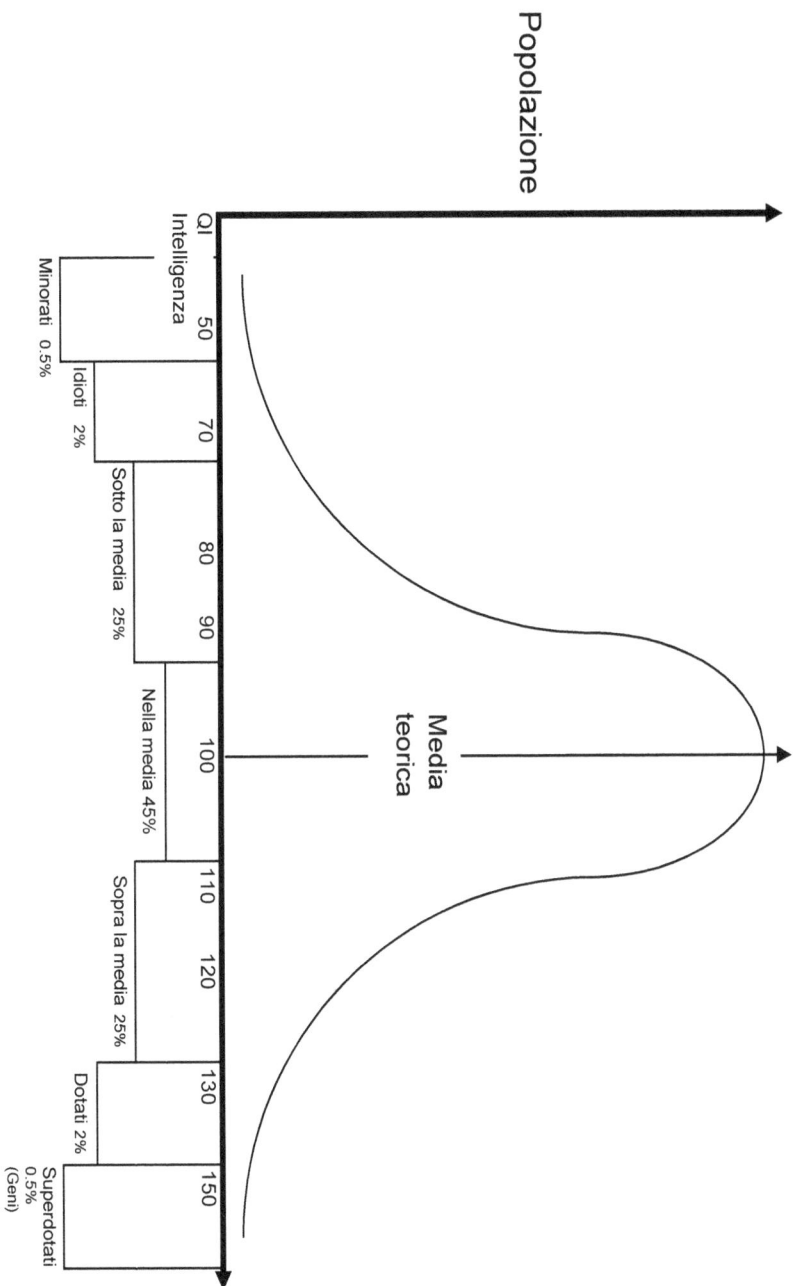

Popolazione

Curva Di Gauss n° 1

QI
Intelligenza

Minorati 0,5%

Idioti 2%

Sotto la media 25%

Nella media 45%

Sopra la media 25%

Dotati 2%

Superdotati 0,5% (Geni)

Media teorica

50 70 80 90 100 110 120 130 150

11

media, dagli idioti e dai minorati. In tal modo resterà soltanto un 27,5% della popolazione che si pronuncerà al momento del voto.

Bisogna sottolineare a riguardo, che il fatto di essere un genio non dà automaticamente diritto a far parte del governo, ma solo quello di essere candidato ad un posto di governo. Fra un gruppo di geni, i rappresentanti più intelligenti della popolazione eleggono democraticamente quelli che ritengono essere i più capaci di formare un governo. La Geniocrazia è dunque un sistema di governo democratico.

GENIOCRAZIA E FASCISMO

Tutti parlano di fascismo e poche persone sanno in realtà che cosa sia. Facciamo dunque riferimento al dizionario:

"Fascismo: dittatura di un partito unico".

La Geniocrazia non può dunque essere considerata come un sistema fascista poiché, nel contesto di un tale regime, possono far parte del governo geni di sinistra come di destra in rappresentanza di partiti di ogni colore politico. Il fascismo, al contrario, è caratterizzato dall'esistenza di un partito unico, vieta l'esistenza di altri partiti e forma un governo composto unicamente da membri del solo partito legale.

Possiamo dire che il fascismo esiste attualmente in Cina ed in URSS, proprio come in Cile o in altri paesi simili in cui è legalmente autorizzato un solo partito.

La Geniocrazia è un sistema di governo e non un colore politico. Nel suo contesto essa ammette tutti i colori politici.

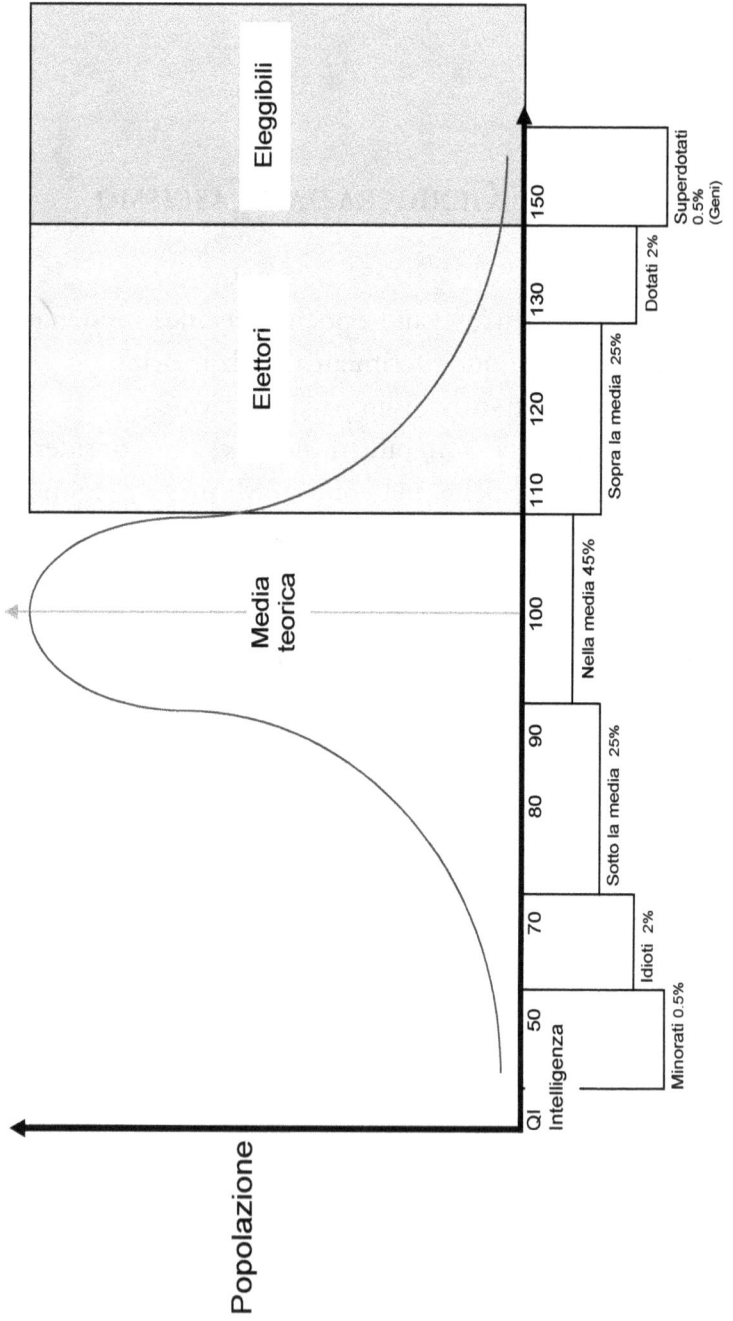

Curva Di Gauss n° 2

Popolazione

QI
Intelligenza

Media
teorica

Eleggibili

Elettori

Minorati 0.5%

Idioti 2%

Sotto la media 25%

Nella media 45%

Sopra la media 25%

Dotati 2%

Superdotati
0.5%
(Geni)

50 · 70 · 80 · 90 · 100 · 110 · 120 · 130 · 150

Geniocrazia, Elitarismo Ed Aristocrazia

"L'uomo sulla Terra non teme niente più del pensiero;
lo teme più della rovina e della morte stessa"

Bertrand Russell

In questa nostra epoca si ha un po' la tendenza a considerare l'intelligenza come una malattia vergognosa. Di fronte alle flagranti ingiustizie esistite in passato (e che ancora esistono...), si è cercato di creare una società più egualitaria. Ma, se anche possiamo rallegrarci del fatto che la nostra civiltà desideri che tutti gli esseri umani abbiano eguali opportunità di realizzarsi pienamente e sbocciare, siamo però obbligati a reagire quando constatiamo che i pareri dei geni non vengono considerati più di quelli dei minorati mentali con il pretesto di un'uguaglianza totale, assoluta e ad ogni costo.

Questo è alla base della democrazia selvaggia.

L'uguaglianza delle possibilità di realizzazione e di sboccio deve essere preservata, ma l'uguaglianza delle opinioni senza tener conto del livello intellettivo di quelli che le formulano, questo no.

Gli uomini devono nascere uguali in diritti, ma essi non nascono uguali in capacità. L'ineguaglianza esiste alla nascita, perché rifiutarsi di tenerne conto? Certamente, possiamo parlare delle influenze che l'ambiente può avere sullo sboccio di un individuo, ma a parità d'ambiente un genio resta un genio e un minorato mentale resta un minorato.

15

È indispensabile che tutti i bambini si sviluppino in un ambiente uguale per qualità, purché adattato a mano a mano che geni e superdotati si rivelano fra loro, ma questo non esclude che l'eccezionale minerale rappresentato dai geni venga valorizzato.

Per tentare di screditare l'intelligenza agli occhi della popolazione, si agita sempre lo spauracchio del genio folle che vuol diventare il padrone del mondo o che vuol far saltare il pianeta. In tal modo ci si dimentica che i dirigenti di oggi cercano davvero di dominare il mondo accumulando armi, con il rischio di distruggerlo. Ed agiscono in tal modo proprio perché non sono dei geni.

Senza contare che la Geniocrazia non è concepita come la dittatura di un solo uomo. Essa si realizzerà invece attraverso la creazione di un "collegio mondiale" composto da molte centinaia di geni provenienti da tutte le nazioni della Terra.

Ogni giorno, noi tutti traiamo profitto dai frutti dell'immaginazione, delle riflessioni e del lavoro dei geni. Durante tutta la nostra giornata utilizziamo oggetti che esistono soltanto grazie al cervello di uomini dall'intelligenza superiore alla media. Dalla lampadina elettrica al televisore, dalla bicicletta all'automobile, dal rubinetto per l'acqua fredda alla lavatrice, dalla macchina da scrivere al magnetofono, dal pianoforte allo stereo, tutti questi oggetti che ci rendono la vita più facile o più piacevole, devono la loro esistenza a uomini che con la loro immaginazione hanno saputo trovare soluzioni nuove a determinati problemi.

Anche un minorato mentale riesce a servirsi correntemente di uno o più di questi oggetti senza essere in grado di comprendere come essi funzionano. Egli capisce tuttavia che, utilizzandoli, la qualità della sua vita migliora.

E questo è del tutto normale. La Geniocrazia vuole applicare al livello del governo quello che già accade al livello degli oggetti. La Geniocrazia consiste proprio nel mettere i superdotati al servizio dei meno dotati.

Se si fossero indette elezioni democratiche per sapere se avessimo dovuto o meno utilizzare molte delle più importanti invenzioni al momento della loro realizzazione, esse sarebbero state praticamente tutte respinte ed ancora oggi ci muoveremmo per le strade di Parigi con carrozze trainate da cavalli. All'epoca delle loro prime applicazioni sia l'automobile, che l'aviazione o le ferrovie, vennero fortemente screditate e, se ci fosse stata una votazione, tutte sarebbero state certamente proibite. Solo i geni che vedono più lontano degli altri grazie alla loro immaginazione, sono in grado di intravedere le immense possibilità delle loro scoperte.

La stessa cosa vale oggi per i computer, l'energia atomica o le manipolazioni genetiche.

Come si può chiedere a degli esseri umani che non sono in grado di immaginare come sarà il mondo di domani, di prendere delle decisioni per prepararlo?

Governare significa prevedere; è quindi necessario mettere al governo degli esseri umani in grado di prevedere e di agire di conseguenza, anche se la maggioranza dell'Umanità non comprende perché alcune decisioni debbano essere prese.

Quando un uomo vede la propria mano colpita da cancrena, egli la taglia per evitare che la malattia si diffonda in tutto l'organismo e lo conduca alla morte; né l'altra mano né una gamba potrebbero prendere una tale decisione, solo il cervello può prevedere che cosa rischia di accadere in un futuro prossimo, e dà ordine all'organismo di sbarazzarsi del membro malato prima che sia troppo tardi.

Nell'epoca in cui viviamo e nella quale si preferisce la mediocrità alla qualità, esistono delle parole tabù, come "elite", "aristocrazia" o "nobiltà". Queste parole sono tabù perché sono state utilizzate per descrivere cose completamente diverse da ciò che dovevano descrivere in origine.

È utile, prima di accettare di essere trattati da elitari, conoscere il significato esatto di questo termine. Guardiamo ancora una volta il dizionario: "elite: quello che c'è di migliore o di più distinto".

La Geniocrazia cerca di mettere al potere gli uomini più intelligenti, i geni, quindi il meglio in materia di immaginazione. Si può dunque dire che un regime geniocratico è un regime elitario.

È sorprendente constatare come coloro che trovano abominevole tutto ciò che è elitario, si affrettino, quando uno dei loro figli è malato, a fare tutto ciò che è in loro potere perché essi vengano curati dai "migliori" professori e dai "migliori" medici. Ma la cosa è del tutto naturale.

La parola elite è stata a lungo utilizzata per designare una classe sociale finanziariamente privilegiata che poteva acquisire, grazie a questa agiatezza finanziaria, un livello di conoscenza superiore alla media. Questo tipo di elite non ci interessa. È l'elite dell'intelligenza e non quella del denaro o del sapere che metterà in atto un governo geniocratico.

La stessa cosa vale per la parola "aristocrazia". Prendiamo in mano il dizionario:

"Aristocrazia: dal greco aristos, eccellente, e kratos, potere. Governo esercitato dalla classe dei nobili".

Aristocrazia vuol dunque dire: il potere eccellente.

Consultiamo ancora una volta il dizionario:

"Eccellente: superiore nel suo genere, molto buono, perfetto".

La Geniocrazia cerca di mettere al potere coloro che possiedono un'intelligenza eccellente, molto buona, perfetta. Si può dunque affermare che la Geniocrazia è un'aristocrazia. Ma anche in questo caso, non un'aristocrazia del denaro o delle conoscenze, ma un'aristocrazia dell'intelligenza.

Il dizionario aggiunge che l'aristocrazia è un tipo di governo esercitato dalla classe dei nobili. Guardiamo la definizione di questa parola:

"Nobile: dal latino nobilis, illustre, che è di un merito eclatante".

La Geniocrazia cerca di mettere al potere quelli che hanno il merito di essere più intelligenti della media, possiamo quindi parlare di merito eclatante. Possiamo dunque dire che la Geniocrazia è davvero una forma di aristocrazia, poiché cerca di mettere al potere delle persone piene di nobiltà. Parliamo della vera nobiltà, non quella del denaro né quella che si trasmette con dei titoli, ma quella della mente.

Per terminare, c'è ancora una parola della quale vale la pena leggere il significato nel dizionario. Si tratta della parola "monarchia":

"Monarchia: regime diretto da un capo di Stato eletto o ereditario, nella cui persona risiede l'autorità politica".

Possiamo dunque dire che i regimi presidenziali messi al potere democraticamente come noi li conosciamo, sono in realtà delle monarchie, poiché decisioni di grande gravità dipendono da un solo uomo (diritto di grazia, guerra nucleare, ecc.). La Geniocrazia invece prevede che nessuna decisione debba dipendere da un solo uomo, bensì da un collegio di geni.

Elite, aristocrazia, nobiltà e monarchia, tutte parole alle quali è importante restituire il loro vero significato.

Modalità Di Instaurazione Della Geniocrazia

"Non ci sarà fine ai mali del genere umano, finché i filosofi non saranno re, e finché i re non saranno filosofi."

Socrate

La prima tappa per l'instaurazione di un regime geniocratico è quella di individuare nella popolazione da un lato quelli che avranno il diritto di voto, dall'altro quelli che saranno eleggibili. I primi, rammentiamolo, sono quelli che avranno un livello di intelligenza allo stato grezzo del 10% superiore alla media, ed i secondi quelli che lo avranno del 50% superiore alla media.

Quindi, tanto per iniziare, sarà necessario procurarsi gli strumenti per definire il livello di intelligenza di ogni individuo. Bisognerà quindi rivolgersi a degli specialisti (psicologi, neurologi, etologi, ecc.) perché mettano a punto dei test, o facciano una scelta fra quelli che attualmente già esistono, che permettano di raggiungere quest'obiettivo.

Questi test dovranno essere sostenuti da tutti gli strati della popolazione, senza evidentemente avvantaggiarne nessuno, in modo da mettere su un piano di uguaglianza gli istruiti e i non istruiti, gli operai e gli ingegneri, i contadini e i professori ordinari. Ricordiamo ancora una volta che si tratta di definire il livello di intelligenza allo stato grezzo, non il livello d'erudizione o di cultura. Bisogna giungere ad individuare il cosiddetto "buon senso contadino" e non le persone che hanno accumulato montagne di conoscenze nel corso di lunghi studi.

È l'intelligenza pratica che è necessario individuare.

Prima di proseguire conviene definire ciò che si intende per intelligenza.

Secondo G. Viaud:

"Ogni atto di intelligenza è caratterizzato da una comprensione delle relazioni tra gli elementi di ciò che è dato ed un'invenzione di ciò che è da fare, essendo queste relazioni necessarie per uscire dalle difficoltà e realizzare i fini dell'attività".

Questa definizione è una di quelle che meglio corrisponde al tipo di intelligenza che ci interessa, ed essa conferma quella che forniscono la maggior parte degli psicologi:

"L'intelligenza è l'attitudine ad utilizzare i dati e ad individuare in quale quadro si inseriscono".

Da ciò l'importanza della realizzazione di test che utilizzino dati comprensibili a tutti.

Grazie a questi test sarà dunque possibile misurare l'intelligenza di ogni individuo, definendone non un "quoziente intellettivo" (Q.I.), ma piuttosto un "potenziale intellettivo" (P.I.), senza tener conto dell'età degli individui sottoposti ai test. Poiché, qualunque sia l'età degli individui, è unicamente il loro livello di intelligenza che ci interessa.

Il fatto di dare il diritto di voto ad un imbecille soltanto perché ha raggiunto i diciotto anni, mentre un genio di soli sedici anni non può partecipare alle votazioni, è una delle numerose prove di stupidità della democrazia selvaggia.

Una volta misurata l'intelligenza di tutta una popolazione, diviene allora facile stabilire una media. A questo punto si attribuisce il diritto di voto soltanto a quelli il cui livello di intelligenza è superiore del 10% alla media, ed il diritto di essere eletti soltanto a quelli il cui livello di intelligenza è superiore del 50% alla media (i geni). Questi elettori possono allora eleggere dei governanti fra coloro che sono eleggibili, nel modo più democratico al mondo.

Fornendo un ordine di grandezza per un paese come la Francia, invece dei trenta milioni di elettori del 1977, avremmo, tenendo conto di quelli che hanno una intelligenza del 10% superiore alla media, un corpo elettorale composto dal 27,5% di questi trenta milioni. Questo significa che otto milioni duecentocinquantamila cittadini eleggerebbero i loro governanti scegliendoli fra i geni (intelligenza superiore del 50% alla media) che sono soltanto lo 0,5% della popolazione, cioè in realtà centocinquantamila individui.

Non è incoraggiante pensare che esistono centocinquantamila geni in Francia? Non è forse giunto il tempo di tener conto del loro parere?

E, se trasferiamo il ragionamento all'intera popolazione del globo nel 1977, otteniamo la cifra di seicentosessantamilioni di elettori e di venti milioni di eleggibili! Venti milioni di geni per salvare quattro miliardi di umani, a condizione che li si lasci prendere le cose in mano!

Tutta la popolazione dovrà sottoporsi a questi test ogni sette anni per tener conto dell'evoluzione degli individui. Alcuni geni infatti si rivelano soltanto quando la loro personalità è potuta sbocciare in seguito alla scomparsa di certi blocchi psicologici.

Ogni volta che i test verranno effettuati, la media potrà variare. Essa normalmente dovrebbe avviarsi verso un progressivo miglioramento legato ad un sempre maggior livello di sboccio dell'Umanità nel suo insieme dovuto alle scoperte scientifiche e alle nuove tecnologie che libereranno l'uomo. Possiamo così ragionevolmente pensare che domani un genio di oggi sarà semplicemente un individuo dotato di un'intelligenza un po' superiore alla media, dunque in grado di essere un elettore.

I giovani, una volta raggiunta la maggiore età, verranno sottoposti a questi test e li ripeteranno anch'essi ogni sette anni.

Alcuni individui che non fossero ammessi ad essere elettori a diciotto anni perché non fanno parte di coloro il cui livello di intelligenza grezza è superiore del 10% alla media, potrebbero senza problemi, sette anni più tardi, entrare a far parte di questa categoria, dopo che avranno anch'essi superato i loro blocchi psicologici.

Allo stesso modo, alcuni individui capaci di essere elettori a settantaquattro anni, potrebbero perdere questo diritto a ottantun'anni, vale a dire sette anni più tardi, in occasione di nuovi test, se le loro facoltà intellettuali avessero sofferto a causa dell'invecchiamento.

Non è aberrante vedere alcuni vegliardi completamente rimbambiti, che vengono trasportati fino alle urne perché possano votare? Un'altra prova della stupidità della democrazia selvaggia!

Lo stesso vale per gli eleggibili. Un individuo la cui intelligenza ritornasse ad essere inferiore del 50% rispetto alla media a causa dell'invecchiamento o di un incidente, perderebbe anch'egli il proprio diritto alla eleggibilità.

Accesso al Collegio Regionale dei Geni

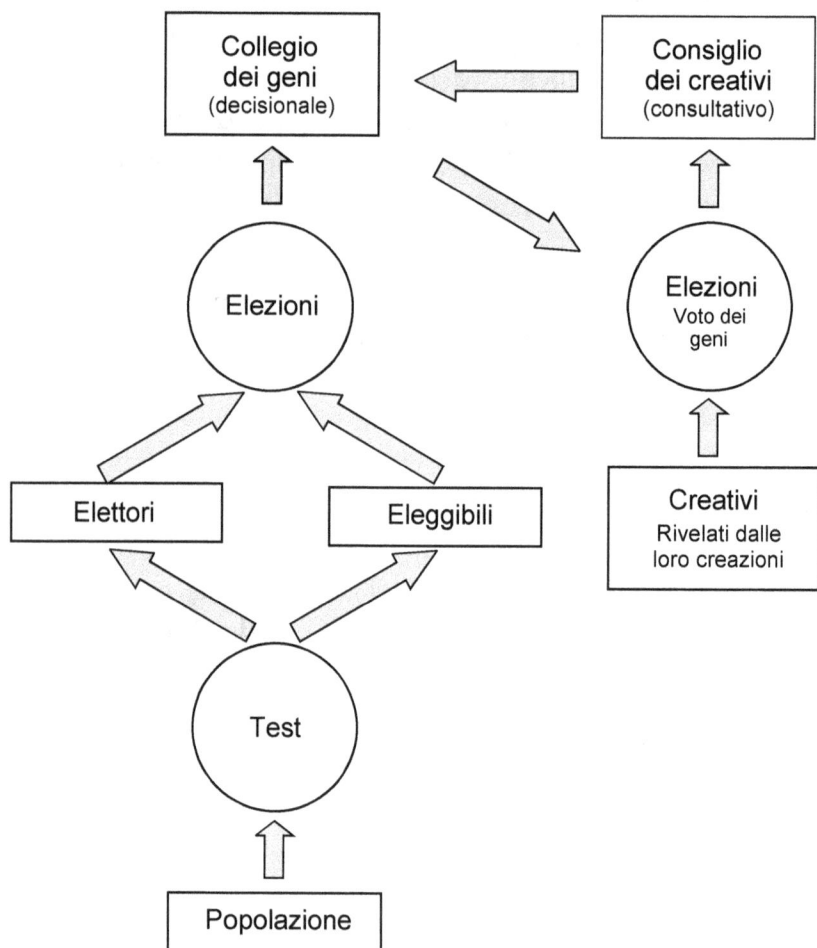

Collegio dei geni (decisionale)	**Consiglio dei creativi** (consultativo)

Elezioni

Elezioni
Voto dei geni

Elettori

Eleggibili

Creativi
Rivelati dalle loro creazioni

Test

Popolazione

Scopi Fondamentali Della Geniocrazia

- Fare della Terra un mondo di felicità e di sboccio per tutti i suoi abitanti, senza distinzione di razza, religione, cultura o livello intellettivo, creando un "governo mondiale" composto da uomini eletti fra i geni dagli uomini più intelligenti.

- Utilizzare tutti i mezzi per arrivare a questo scopo.

- Sopprimere la violenza individuale o di massa.

- Rimpiazzare il diritto al lavoro con il diritto allo sboccio.

- Salvare l'Umanità dalla distruzione verso la quale si sta attualmente dirigendo a causa della mancanza di intelligenza dei dirigenti che si è scelta.

Ecco i cinque scopi fondamentali della Geniocrazia, che svilupperemo ora punto per punto.

Creazione Di Un Governo Mondiale Geniocratico

Governare significa prevedere; coloro che sono al governo non hanno saputo prevedere nulla, e quindi sono incapaci di governare.

Per questo è necessario creare con urgenza un "governo mondiale" composto da coloro che sono capaci di prevedere: i geni.

Andando a ritroso nel tempo, ci si accorge che i re si sono serviti dei geni del loro tempo per dare solidità al loro regno e alla propria discendenza. I grandi pittori, gli scultori, gli architetti ed anche i musicisti, erano pagati per lodare il sovrano della loro epoca. Si trattava di artisti "di Stato". È un po' quello che succede attualmente, tra gli altri, nei paesi dell'Est. Possiamo anche dire che ciò accade un po' dappertutto e che la cosa non riguarda solo gli artisti. Il fenomeno si è esteso a coloro di cui le nazioni si servono per inseguire una supremazia non più soltanto culturale: gli scienziati.

Per poter lavorare alla ricerca pura, ad esempio, gli scienziati non hanno scelta. Essi sono obbligati ad entrare in organismi di Stato o rassegnarsi a lavorare a mansioni di routine nell'ambito di imprese puramente commerciali.

Evidentemente, nell'ambito degli organismi di ricerca statali, essi non sono liberi di fare ciò che vogliono. Al contrario, devono lavorare su programmi che vengono loro imposti e che sono motivati quasi unicamente da interessi politico-militari, costretti a rendere i loro lavori rapidamente redditizi.

Si giunge così al seguente paradosso: i geni devono lavorare seguendo le direttive dei mediocri!

Ciò che la Geniocrazia invece auspica, è che ai geni venga permesso di definire autonomamente in che direzione desiderano lavorare e che venga loro permesso di trovare i mezzi per farlo.

Cos'è che caratterizza un'epoca? I geni. Ci si ricorda di Pierre e Marie Curie, di Einstein, ma non degli stupidi governanti di cui essi subivano le decisioni o i soprusi. E si può anche facilmente vedere chi, fra i geni o i governanti di una data epoca, ha realmente agito per migliorare il destino dell'Umanità.

I politici fanno delle promesse per ottenere dei vantaggi per loro stessi, mentre i geni lavorano per migliorare la condizione di tutti gli esseri umani. Chi merita di governare?

Desiderare che il mondo venga governato dalle persone più intelligenti della media non è la minima delle cose?

Non so se sono più intelligente della media, ma so che ho voglia di essere governato da persone la cui intelligenza è certamente superiore alla mia.

Oggi sappiamo che i nostri governanti sono cresciuti in un ambiente più agiato del nostro, che hanno frequentato delle scuole prestigiose, che hanno molto denaro e molte relazioni, ma questi non sono certo criteri validi per farceli accettare come capi!

L'erudizione o l'accumulo di conoscenze non servono più a nulla all'epoca dei computer palmari e dell'informatica. L'uomo nuovo non ha bisogno di sapere molto. Egli dev'essere invece in grado di sentire, di analizzare, di sintetizzare e di scegliere con grande rapidità le informazioni necessarie alla comprensione e queste informazioni gli vengono fornite a volontà da quei computer che stanno liberando l'essere umano dall'obbligo della memorizzazione.

In un certo senso, l'uomo nuovo ritroverà la purezza, pressoché la nudità originale, grazie alla scienza e soprattutto grazie all'informatica, e dovrà soltanto conoscere alcuni grandi principi al fine di scegliere la propria strada. Quando ne avrà bisogno, verrà alimentato con conoscenze immagazzinate in macchine presenti un po' dappertutto per servirlo.

Dobbiamo dare spazio all'intelligenza allo stato puro!

Visto che i governanti non danno ai geni lo spazio che meritano, che essi se lo prendano da sé, e a livello mondiale!

Come? Creando in un paese neutrale un Governo Mondiale Geniocratico provvisorio. Un governo composto da scienziati che si rifiutano di vedere il frutto delle loro ricerche cadere nelle mani di militari e politici. Nell'eventualità, essi potranno anche considerare di creare un centro di ricerca finanziato dagli esseri umani che desiderano vedere istituita la Geniocrazia. Questo centro di ricerca, in seguito ad un accordo comune, potrà essere reso finanziariamente produttivo dalla commercializzazione dei prodotti e degli apparecchi inoffensivi inventati dagli scienziati che vi lavorano.

Questo Governo Mondiale Geniocratico, d'altra parte, potrebbe decidere di non pubblicare il frutto delle proprie riflessioni per i primi cinque anni, pur facendole regolarmente controllare da un messo ufficiale al fine di provare successivamente al mondo quanti problemi avrebbe evitato se avesse realmente governato. Questo permetterebbe anche di evitare che il frutto delle sue ricerche venga messo in applicazione da governanti "mediocrati" che ne avrebbero in tal modo tratto una gloria immeritata. Al contrario, il fatto di dimostrare all'opinione pubblica della loro nazione d'appartenenza che si sarebbe potuto agire diversamente, screditerà immancabilmente i suoi governanti e darà a questi paesi la voglia di eleggere alle successive votazioni dei sostenitori della Geniocrazia.

Questo perché una delle attività del Governo Mondiale Geniocratico, di fatto, sarà proprio quella di favorire la creazione di movimenti nazionali per la Geniocrazia Mondiale in tutti i paesi del mondo.

Non si tratta di imporre la Geniocrazia. Si tratta di fare ammettere democraticamente la necessità di abbandonare la democrazia selvaggia a favore di una democrazia selettiva: la Geniocrazia.

È evidente che, quando un movimento nazionale per la Geniocrazia Mondiale verrà democraticamente eletto dalla popolazione di una nazione, quella nazione verrà automaticamente governata dal Governo Mondiale Geniocratico. E, a mano a mano che i paesi sceglieranno la strada della Geniocrazia, essi vedranno ingrossare i ranghi dei membri del Governo Mondiale Geniocratico. E questo fino al momento in cui almeno la metà degli abitanti della Terra abbia scelto la strada della Geniocrazia Mondiale. Allora gli altri saranno obbligati a piegarvisi e gli uomini del pianeta saranno finalmente uniti.

Tutti quelli che avranno contribuito all'avvento di questa unione mondiale avranno diritto all'eterna riconoscenza da parte dell'Umanità.

Queste persone siete voi. Voi che leggete queste righe e che avete l'occasione di essere dei pionieri dell'intelligenza e della fraternità. Voi che deciderete di non accontentarvi più di essere degli spettatori della storia dell'Umanità, ma di essere degli attori su questo grande palcoscenico che si chiama Terra, dove anche gli spettatori, che lo vogliano o no, sono degli attori.

Anche se si accontentano di essere spettatori, essi sono allo stesso tempo degli attori, ma degli attori incoscienti del fatto che stanno giocando un ruolo; ora è necessario che ne diventino coscienti.

Geniocrazia E Collegialità

Quando si parla di geni, nel tentativo di far passare l'intelligenza per una pericolosa malattia, c'è sempre qualcuno che agita lo spauracchio del genio folle che vuole diventare il padrone del mondo o che vuole fare esplodere il pianeta. Ma tutto questo è impossibile in un regime geniocratico. La Geniocrazia prevede che il mondo venga governato non da un solo uomo, bensì da un collegio che raggruppi varie centinaia di geni.

La collegialità impedisce che le decisioni vengano prese da un solo uomo, come malauguratamente accade oggi nei regimi presidenziali, che si tratti del diritto di grazia o dello scoppio di una guerra nucleare!

Oggi, in paesi che hanno un regime cosiddetto democratico, un solo cervello che non ha nulla di geniale può decidere della vita di milioni di innocenti, se non della distruzione dell'intera Umanità... Siamo ancora una volta di fronte alla prova della stupidità della democrazia selvaggia!

Stranamente, i regimi presidenziali ai quali ci hanno condotto le democrazie selvagge, si avvicinano su questi piani sempre più ai regimi reali pre-repubblicani che dovevano rimpiazzare. Si potrebbe quasi dire che il Presidente della Repubblica, visto che non deve fornire alcuna giustificazione, decide dell'esecuzione di un condannato o scatena una guerra atomica "perché questo gli fa piacere"...

Con la Geniocrazia e grazie alla collegialità, non accadrà più nulla del genere. Certo potrebbe esserci un presidente del collegio dei geni del Governo Mondiale, ma quest'ultimo non potrebbe prendere alcuna decisione da solo. Al massimo, potrebbe presiedere le riunioni del collegio ed annunciare i risultati dei voti. Questo titolo sarebbe soprattutto di carattere onorifico e gli permetterebbe di rappresentare il governo alle manifestazioni ufficiali (inaugurazioni, ecc.).

Sarebbe anche auspicabile che le votazioni del collegio dei geni del Governo Mondiale abbiano luogo soltanto dopo che i suoi membri di parere o di colore politico diverso, abbiano espresso la propria opinione non oralmente ma per iscritto, al fine di non influenzare gli elettori con "effetti teatrali" senza alcun valore filosofico o fondamentale. Ogni genio potrà così leggere il parere di quelli che desiderano emetterne uno, giudicando sulla sostanza e non sulla forma.

L'anonimato totale delle osservazioni che chiariscono questo o quell'aspetto dei problemi studiati, è anch'esso auspicabile al fine di evitare prese di posizione che obbediscono a direttive provenienti da responsabili politici di "sinistra" o di "destra". Questo affinché ogni genio possa veramente giudicare "in coscienza" le decisioni da prendere ed il senso del proprio voto.

Il voto stesso, grazie all'elettronica, potrebbe venire espresso con una tastiera, nel rispetto del segreto assoluto, evitando così il fenomeno del "contagio" che spesso ha luogo al momento dei voti per alzata di mano. E sarebbe forse anche utile che i membri di questo collegio di geni stessero seduti in cabine isolate, al fine di non essere influenzati nelle loro decisioni dalle reazioni dei loro vicini.

È evidente che tutte queste misure devono essere studiate dai diretti interessati, i geni, che troveranno certamente altri mezzi per migliorare il sistema.

È importante sottolineare con vigore che non si trovano geni soltanto fra gli scienziati. Quando si pronuncia la parola "genio", la maggioranza ripensa al "genio pazzo che vuol far saltare tutto in aria", dimenticando che esistono geni fra i filosofi, i pittori, i poeti, i musicisti o i contadini. In seno al collegio del Governo Mondiale Geniocratico non ci saranno solo scienziati, ma anche filosofi, pittori, poeti, musicisti e contadini.

Scopo della *Geniocrazia* è fare una sintesi di scienziati e letterati, di scienze fisiche e scienze umane, di scienza e coscienza.

Molti problemi della nostra epoca sono dovuti ad uno sviluppo folgorante della scienza e, al contempo, ad un ristagno della coscienza. Se la scienza si è relativamente volgarizzata, la coscienza è rimasta invece prerogativa di alcuni pensatori e filosofi e non ha conosciuto la stessa diffusione fra la popolazione. Questo fa sì che la gente utilizzi le scienze di domani con una coscienza dell'altro ieri. La Geniocrazia cercherà di portare gli esseri umani ad un livello di coscienza almeno uguale al loro livello scientifico.

Si tratta, d'altra parte, della meravigliosa conclusione alla quale giunse Gordon Rattray Taylor nella sua fantastica opera "La Rivoluzione Biologica". Egli scrisse: "è necessario che tutti leggano i libri dei saggi", e questo dopo aver passato in rivista tutte le cose prodigiose che la scienza realizza oggi o che realizzerà domani.

Accesso Al Collegio Mondiale Geniocratico

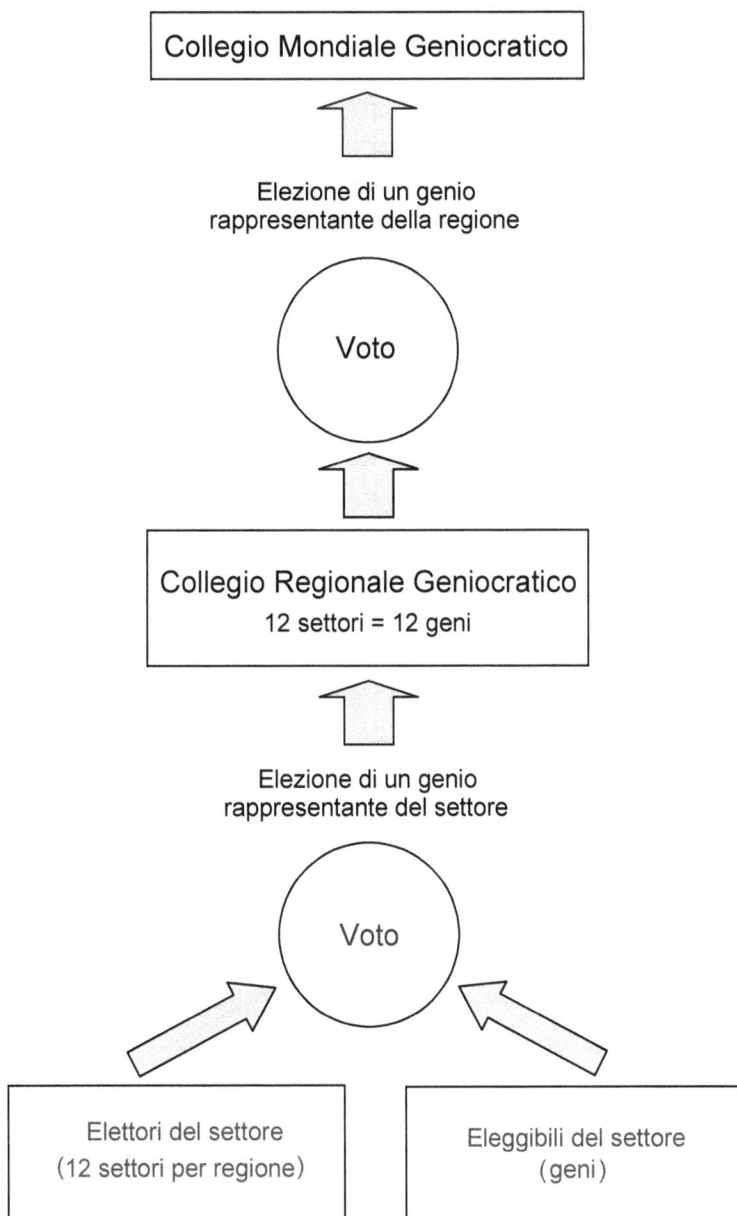

Collegio Mondiale Geniocratico

Elezione di un genio
rappresentante della regione

Voto

Collegio Regionale Geniocratico
12 settori = 12 geni

Elezione di un genio
rappresentante del settore

Voto

Elettori del settore
(12 settori per regione)

Eleggibili del settore
(geni)

Accesso Al Consiglio Dei Creativi

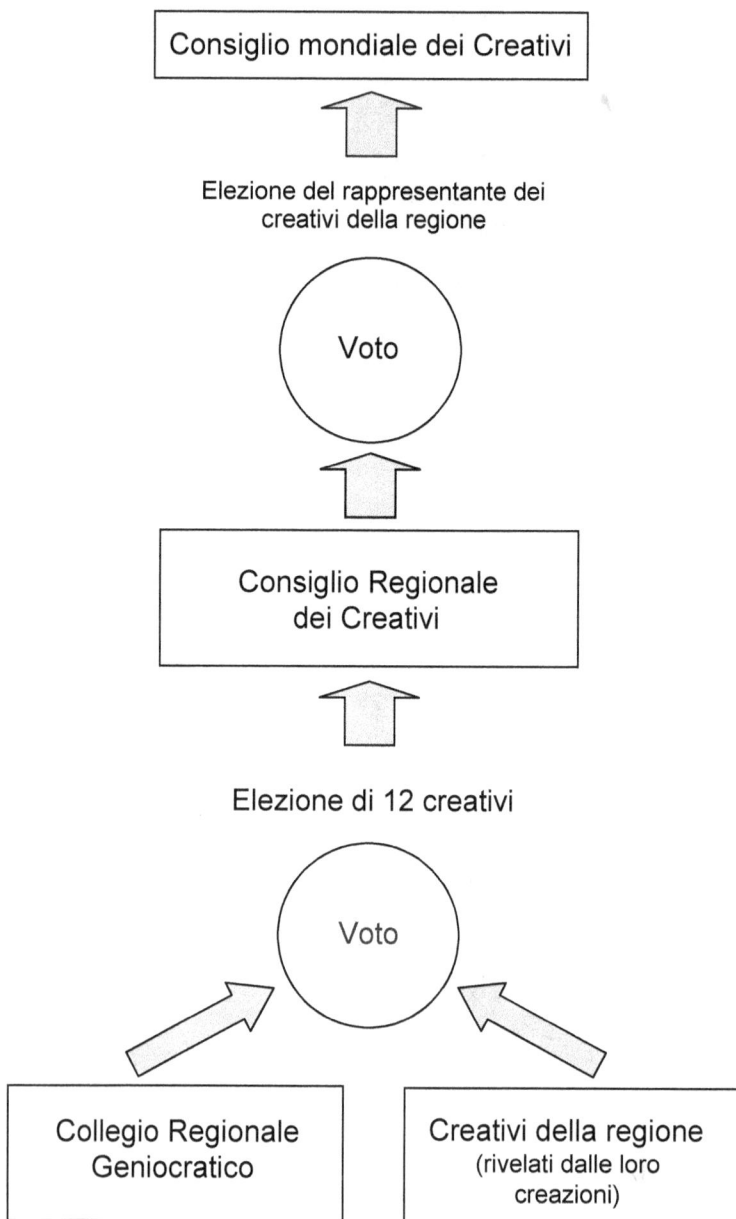

```
┌──────────────────────────────┐
│ Consiglio mondiale dei Creativi │
└──────────────────────────────┘
              ⬆

   Elezione del rappresentante dei
        creativi della regione

              ( Voto )

              ⬆

┌──────────────────────────────┐
│      Consiglio Regionale       │
│        dei Creativi            │
└──────────────────────────────┘

              ⬆

        Elezione di 12 creativi

              ( Voto )

       ⬈              ⬉

┌──────────────────┐   ┌──────────────────┐
│ Collegio Regionale │   │ Creativi della regione │
│   Geniocratico     │   │  (rivelati dalle loro  │
│                    │   │      creazioni)        │
└──────────────────┘   └──────────────────┘
```

Composizione Di Un Governo Mondiale Geniocratico

Un Governo Mondiale Geniocratico, come abbiamo visto in precedenza, dev'essere composto da persone dall'intelligenza superiore. Ma questo genere d'intelligenza, individuato attraverso test specifici, dev'essere un'intelligenza pratica, metodica, di sintesi. Esiste però un tipo di geni che questi test forse non riveleranno, si tratta dei creativi. Eppure questa categoria è di enorme interesse per il progresso dell'Umanità. Conviene quindi permettere a questo tipo di geni di contribuire al governo del mondo.

I creativi che si sono rivelati in un qualsiasi campo (scienze, arti, filosofia, ecc.) verrebbero proposti dai geni della loro regione ed il Collegio Mondiale dei Geni eleggerebbe, fra tutti i creativi proposti in funzione dell'importanza dei loro lavori, delle loro scoperte o delle loro creazioni, un "Consiglio dei Creativi" che non avrebbe potere decisionale, ma che potrebbe immaginare soluzioni a problemi dati o suggerire realizzazioni che potrebbero migliorare le sorti dell'Umanità.

Queste soluzioni o questi progetti di creazione verrebbero in seguito sottoposti al Collegio dei Geni che deciderebbe democraticamente dell'applicazione dei progetti più interessanti.

Per una Geniocrazia Mondiale Regionalista

Il solo modo ragionevole di considerare l'avvenire dell'Umanità, passa attraverso una concezione mondiale del problema.

Gli esseri umani sono stati in successione organizzati in tribù, in villaggi, in province, poi in Stati. Di fronte ai problemi posti dall'inquinamento del nostro pianeta e dalla proliferazione delle armi atomiche, le persone intelligenti hanno rapidamente preso coscienza che il solo modo per risolvere questi problemi è quello di creare un Governo Mondiale.

Questo progetto viene qualificato come utopistico dai politici in carica, poiché essi sanno bene che perderebbero la loro posizione nel momento in cui la cosa si realizzerà. Lo stesso vale per quei militari pagati profumatamente che temono di ritrovarsi disoccupati.

Essi hanno capito molto bene che quando non esisteranno più frontiere, non ci sarà più alcun bisogno di eserciti, almeno nel senso in cui essi l'intendono. Ma vedremo più in là che esiste il modo di impiegarli, senza armi però, il che rattristerà alcuni maniaci dei commando d'assalto.

Sono sempre i mediocri a qualificare come utopistici i progetti realisti dei geni che vedono più in lontananza rispetto agli altri.

Non esistono progetti utopistici, esistono soltanto persone che non sono in grado di fare dei progetti.

Questo Governo Mondiale Geniocratico sarà dunque composto da geni che rappresenteranno tutte le regioni della Terra. Queste regioni devono venir definite democraticamente. Le nazioni di oggi

sono il frutto di combattimenti omicidi, condotti il più delle volte
da possidenti che speravano di aumentare le loro ricchezze. Questo
risale all'epoca delle colonizzazioni. I Baschi che vivono sui due lati
della frontiera franco-spagnola, potrebbero desiderare di formare un
solo Stato. La cosa li riguarda direttamente e riguarda soltanto loro.
Spetta a loro scegliere se vogliono restare insieme o dipendere da
un'altra entità territoriale. E casi come quello dei Baschi ne esistono
su tutta la Terra. Si tratta di abitanti di una regione che vogliono avere
delle strutture indipendenti, pur facendo parte di quell'insieme che
è l'Umanità. Sta agli abitanti di ognuna di queste regioni scegliere
democraticamente le loro strutture, sia che si tratti dei Corsi o dei
Bretoni, degli Occitani o degli Alsaziani, per prendere soltanto degli
esempi situati in territorio francese.

Tanto per cominciare, è quindi necessario far votare
geniocraticamente gli abitanti di ogni comune, per chiedere loro
di quale regione desiderano far parte. Si potrà così delimitare ogni
regione al di là di ogni considerazione nazionalista. Ed in futuro
queste votazioni potrebbero aver ancora luogo, ogni qualvolta gli
abitanti di un comune lo desiderassero, poiché, in funzione delle
migrazioni, alcuni comuni potrebbero desiderare di cambiare
appartenenza regionale in rapporto alle zone limitrofe.

Una volta definite geograficamente le regioni con il voto degli
abitanti residenti nei vari comuni, ogni regione verrà suddivisa
in dodici settori con un numero uguale di abitanti, ed ognuno di
questi settori eleggerà un proprio rappresentante fra i geni che ne
fanno parte. I dodici geni così eletti, comporranno un "Collegio
Regionale Geniocratico".

Questo collegio eleggerà allora al proprio interno un Presidente
che sarà incaricato di andare a rappresentare la propria regione nel
Governo Mondiale Geniocratico.

Il Collegio Regionale Geniocratico eleggerà fra i creativi della propria regione anche un consiglio composto da dodici persone incaricate di sottoporre al suo voto dei progetti di realizzazione che interessano direttamente la regione.

Il Governo Mondiale Geniocratico è dunque composto di geni che rappresentano tutte le regioni della Terra che si sono autodefinite democraticamente.

Al momento delle votazioni che avranno luogo in seno al Governo Mondiale, la voce di ogni rappresentante di regione verrà considerata in funzione di un coefficiente proporzionale al numero di abitanti che popolano la regione rappresentata. In tal modo un genio che rappresenta una nazione popolata da un milione di abitanti, avrà un coefficiente pari a 1, ed un genio che rappresenta una nazione popolata da cinquanta milioni di abitanti, un coefficiente pari a 50.

Così, contrariamente a ciò che oggi accade all'ONU, i voti del Governo Mondiale Geniocratico saranno realmente democratici. Come può il voto di un rappresentante di una nazione come il Qatar che conta soltanto centomila abitanti, avere lo stesso valore di quello del rappresentante degli USA, che ne contano oltre duecento milioni? Ma questo è proprio ciò che accade alle Nazioni Unite.

Dunque, se si sono definite democraticamente settecento regioni (una cifra che appare plausibile in rapporto al mondo in cui viviamo), il collegio del Governo Mondiale Geniocratico sarà composto da settecento geni di ogni razza, di ogni cultura e di ogni religione. Vediamo così che siamo ben lontani dall'idea di un genio folle che vuol dominare il mondo o far saltare in aria il pianeta...

II. Proposte Per Creare Un Mondo Di Sboccio E Di Felicità

Avvertenza

Abbiamo visto quali sono i grandi principi della Geniocrazia. Il principio essenziale consiste nella necessità che solo le persone con un'intelligenza superiore alla media dispongano del diritto di voto e che solo i geni siano eleggibili.

È evidente che le modalità di instaurazione della Geniocrazia, così come la definizione delle strutture del Governo Mondiale, dovranno essere decise dai diretti interessati, cioè dagli stessi geni.

Quest'opera vuole soltanto essere un detonatore che produce la scintilla che farà esplodere l'esplosivo, e dare inizio ad un processo di cui saranno responsabili proprio quelle persone che dispongono di facoltà superiori alla media.

Sarebbe infatti molto presuntuoso voler spiegare ai geni quali decisioni dovranno prendere, e dire loro in che modo dovranno governare il pianeta. Questo dipenderà da loro, e da loro soltanto.

I possibili esempi d'organizzazione del Governo Mondiale Geniocratico forniti finora, non sono altro che esempi e, in nessun caso, si tratta di obblighi. In effetti, sarebbe molto sorprendente che un gruppo di varie centinaia di geni messi al lavoro su questo progetto, non trovi delle soluzioni ancora più adatte al nostro mondo.

Questo libro ha soltanto lo scopo di far nascere in loro il desiderio di riunirsi, affinché l'intelligenza governi finalmente il nostro pianeta.

Nelle pagine seguenti parleremo dei grandi problemi con i quali l'Umanità deve confrontarsi all'alba del terzo millennio. Tratteremo dell'entrata in quella che potrebbe essere una nuova Età d'Oro, se gli imbecilli che oggi ci governano non faranno saltare tutto prima ancora che vi possiamo entrare completamente.

In seguito verranno proposte delle possibili soluzioni per risolvere questi problemi, ed anche in questo caso non vi è alcun dubbio che un gruppo di geni ne potrà immaginare altre ancora più efficaci.

Che essi si riuniscano dunque, e che la luce sgorghi dalle loro menti riunite, prima che il pianeta affondi in una società che ha oltrepassato il punto di non ritorno.

Ai Lavoratori Che Non Fanno Ciò Che Loro Piace

L'uomo non è fatto per lavorare ai lavori forzati. Voi siete tutti dei condannati ai lavori forzati a vita, con una riduzione della pena che vi permetterà di ritrovare la libertà quando andrete in pensione a sessanta o sessantacinque anni.

Qual è lo scopo dei sindacati e quali sono le rivendicazioni di tutti i lavoratori? Ottenere delle riduzioni dei tempi di lavoro. Ma fino a che livello? Quale è la durata accettabile di lavoro forzato quotidiano per un uomo che desidera sentirsi libero?

Un secolo fa si pensava che fosse necessario lavorare senza sosta, eccetto che per il tempo esatto necessario a mangiare e dormire. Si impiegavano gli operai quattordici ore al giorno, sei giorni alla settimana, dodici mesi all'anno, a partire dagli otto o nove anni fino alla morte.

Si è poi passati alle dieci ore al giorno, poi alle otto ore al giorno, cinque giorni alla settimana, con delle ferie annuali di una settimana, poi di due, tre, e finalmente quattro settimane.

La pensione, cioè il diritto di avere di che vivere senza far nulla, è stato accordato a sessantacinque, sessanta, ed ora a cinquantacinque anni per certe professioni.

Oggi il lavoro "a la carte" viene sempre più praticato. Questo fornisce la possibilità di slegarsi, quando lo si desidera ed in un dato periodo, dai propri tempi di lavoro forzato. In tal modo si possono svolgere quaranta ore lavorative alla settimana, nelle ore e nei giorni che si desiderano. Cinque giorni di otto ore, o quattro giorni di

42

dieci ore, il mattino presto o la sera tardi, ecc.

E quali sono le evoluzioni che sono in corso attualmente o che avranno luogo a breve termine?

Alcune aziende impiegano già oggi il proprio personale meno di otto ore al giorno, sette ore, sei ore in alcuni casi, quattro giorni alla settimana invece di cinque.

Si sta ad esempio pensando di calcolare le due ore che le persone della regione parigina impiegano per recarsi al lavoro in città, alla stregua di ore lavorative, il che porterebbe il tempo lavorativo effettivo nell'ambito delle aziende di questa zona, a sei ore al giorno.

Le ferie pagate corrispondono in molti casi a cinque settimane all'anno, e a sei settimane in un piccolo numero di aziende che va crescendo.

Sempre meno si attirano gli impiegati pagandoli profumatamente, ma piuttosto offrendo loro degli orari di lavoro limitati e più flessibili, ponendo così più attenzione a ciò che, a giusto titolo, viene chiamato la "qualità della vita".

Numerosi quadri o lavoratori indipendenti si raggruppano per svolgere un impiego, associandosi così a studi di liberi professionisti (avvocati, medici, infermieri, ecc.). Questi ingegneri o questi tecnici di livello superiore, si dividono lo stesso salario ed in tal modo ciascuno di essi può lavorare soltanto quattro ore al giorno, o una settimana su due, o un mese su due, oppure cinque mesi e mezzo continuati all'anno. Ognuno di essi può così contare su sei mesi e mezzo all'anno di ferie pagate visto che percepisce regolarmente un semisalario. In questo periodo, se lo desiderano, possono dedicarsi ad un lavoro che non è "forzato": fare ricerca, scrivere libri, coltivare la propria persona, studiare, viaggiare ecc., insomma si possono dedicare a qualcosa che piace loro e che permette loro di sbocciare. Sono sempre più numerosi i giovani quadri che, invece di guadagnare sei o ottomila franchi al mese, preferiscono guadagnarne tre o quattromila, vivendo certo meno lussuosamente, ma facendo ciò che più piace loro per sei mesi all'anno. E soprattutto se decidono di fondare una "famiglia", ora possono farlo con una giovane donna che lavora anch'essa alle stesse condizioni. Questo fa sì che due semi-salari diventino un salario intero se i conti sono giusti... pur essendo in ferie retribuite per oltre sei mesi all'anno...

Per quanto riguarda le pensioni, è la stessa cosa. Sono molti coloro che preferiscono smettere in anticipo di lavorare per andare in "prepensionamento", a costo di percepire meno denaro. Essi possono però approfittare meglio del tempo che rimane loro da vivere. Per non parlare, evidentemente, degli ossessionati dal lavoro che rifiutano di andare in pensione prima dicendo: "ma cosa farò se smetto di lavorare"? Queste persone dimostrano bene fino a che punto sono state condizionate dalla loro educazione e spersonalizzate al punto da non poter più concepire una vita senza il lavoro. Sono diventate incapaci di realizzarsi in qualcosa che le appassiona, amando altre cose al di là del proprio impiego. L'educazione dovrà evolversi molto per riuscire a formare persone pronte a sbocciare piuttosto che persone pronte a lavorare.

E domani? I tempi lavorativi si ridurranno sempre più. Tutti ormai lo riconoscono. Si scenderà progressivamente a sei ore al giorno, poi cinque ore, quattro ore, tre ore...

Le ferie annuali si allungano. Un mese e mezzo in estate, quindici giorni in inverno, quindici giorni a Pasqua (come gli studenti). Presto si giungerà a due mesi in estate, un mese in inverno ed un mese a Pasqua per un totale di quattro mesi all'anno. E, visto che gli impieghi sono sempre più frequentemente svolti da due persone e che i tempi lavorativi verranno ulteriormente ridotti, ognuno dei due "impiegati associati" disporrà allora di otto mesi di ferie all'anno. L'età per avere diritto alla pensione sarà sempre più anticipata, a 50 anni, 45 anni, 40 anni...

Vi chiederete, ma come occuperanno il loro tempo gli esseri umani? Il solo fatto di porvi questa domanda prova quanto la vostra educazione abbia contaminato e modellato anche voi per trasformarvi per sempre in condannati ai lavori forzati consenzienti. Ci saranno due categorie di individui: da una parte quelli che hanno una vocazione, un "dono" e che, durante il loro tempo libero o la loro pensione, sboccheranno lavorando volontariamente nel campo che piace loro; dall'altra tutti gli altri, che approfitteranno di una civiltà del tempo libero e di distrazioni adatte a ciascun individuo, culturali per alcuni, sportive per altri.

Visto che ognuno avrà a disposizione sempre più tempo libero, ci sarà sempre più bisogno di scrittori, pittori, poeti, intrattenitori, artisti di ogni tipo, per divertire questa folla perennemente in vacanza. Da una parte i creatori, dall'altra i consumatori, ed ognuno sarà libero di cambiare di posto a seconda delle proprie attitudini e dei propri gusti.

Fra qualche tempo (il più presto possibile), dato che i tempi lavorativi si ridurranno sempre più e che l'età della pensione sarà sempre più bassa, si giungerà a sopprimere totalmente il lavoro obbligatorio, il lavoro forzato. Solo le persone a cui piace la propria attività continueranno a lavorare "volontariamente". Così, nelle prime righe della Dichiarazione dei Diritti dell'Uomo, verrà scritto: "Ogni uomo ha il diritto di ricevere di che vivere confortevolmente dalla propria nascita alla propria morte, senza alcuna contropartita".

Ma chi eseguirà i lavori indispensabili, mi direte? Ebbene, le macchine! I robot, che hanno già iniziato a prestare grande aiuto all'Umanità senza che ce ne rendiamo abbastanza conto. Se già oggi lavoriamo soltanto otto ore al giorno, è soltanto grazie alle macchine. Se non esistessero, saremmo ancora fermi alle dieci ore al giorno, come cinquanta anni fa. Un esempio: vent'anni fa per costruire un'automobile alla FIAT erano necessari cento operai; oggi basta un solo uomo. Ho detto bene, *un solo uomo*! Le nuove catene di montaggio automatizzate, in servizio nelle fabbriche di nuova concezione, sono totalmente controllate da un computer che un solo tecnico dirige e sorveglia dalla propria postazione. E prossimamente anche questo tecnico potrà essere sostituito da un computer sempre più sofisticato! Lo stesso vale per l'agricoltura: in California, alcuni viticoltori hanno messo a punto un sistema collegato ad un computer che riscalda, innaffia e fertilizza automaticamente le vigne proprio quando è necessario.

Evidentemente, in una società capitalista, questo sistema non è applicabile, poiché il proprietario della fabbrica, ad esempio, potrà licenziare tutti gli operai, smettere di dar loro degli stipendi e riempirsi le tasche grazie alle macchine, lasciando morire di fame quelli che un tempo costituivano la mano d'opera. Questo è ingiusto ed inammissibile. Il padrone, che fa costruire una macchina per rimpiazzare cento operai, dovrebbe continuare a pagare i cento operai anche se essi non hanno più nulla da fare. Così "la macchina" permetterà loro di entrare nella civiltà del tempo libero e della realizzazione personale.

Si dice stupidamente che la macchina sottomette l'uomo e che la tecnologia rende meno umana la società: è falso! Al contrario, ad assoggettare l'uomo è proprio la manifattura, il luogo in cui gli esseri umani vanno perennemente ai lavori forzati. La manifattura rende schiavo l'uomo ma i robot lo liberano. La tecnologia rende meno umana la società solo perché gli esseri umani sono ancora mescolati alle macchine da lavoro forzato o a quelle che li portano sui luoghi del lavoro forzato. Le macchine e gli esseri umani non devono venire combinati fra loro. Gli esseri umani sono fatti per stare nei luoghi dello sboccio e le macchine nei luoghi del lavoro controllate da robot, da computer.

Tutti i lavori compiuti dall'uomo possono essere svolti dalle macchine. Tutto ciò che l'uomo fa, anche il computer può farlo, e molto meglio dell'uomo stesso. L'uomo si sbaglia, il computer mai.

Se le somme ingurgitate dai budget militari del nostro pianeta venissero investite nella trasformazione delle fabbriche, dei luoghi di produzione e degli uffici, nel giro di sette anni il lavoro verrebbe interamente robotizzato e gli esseri umani non avrebbero più bisogno di lavorare.

L'uomo è fatto per sbocciare, la macchina per lavorare. È necessario che i robot facciano il lavoro dell'uomo, e non che l'uomo faccia un lavoro da robot, come accade invece oggi in tutte le aziende.

E chi sorveglierà le macchine, mi direte? È molto semplice. In un primo tempo, nei primi dieci anni necessari alla robotizzazione totale dei mezzi di produzione, si potrebbero adibire i militari a questo compito di sorveglianza e di manutenzione. Si potrebbe anche creare un servizio civile che rimpiazzi il servizio militare per uno o due anni, o per periodi di qualche settimana ogni anno, come si fa ad esempio in Svizzera. I questo modo soltanto i richiamati, coadiuvati da un team di tecnici, lavoreranno nelle unità di produzione, mentre gli altri esseri umani saranno assolutamente liberi. Questo durerà soltanto per un periodo molto breve (sette anni circa), il tempo necessario per mettere a punto delle unità di produzione interamente robotizzate. A svolgere i compiti di manutenzione, riparazione e sorveglianza potranno essere sia computer capaci di auto-ripararsi, sia robot biologici. I robot biologici rappresentano il futuro dell'Umanità e potranno essere utilizzati in ogni luogo e per ogni lavoro, sia in ambito agricolo che industriale, per i lavori domestici o le arti.

Un robot biologico è un robot fabbricato con quella materia vivente che stiamo per sintetizzare in laboratorio grazie ai lavori basati sulla conoscenza del DNA.

Molto presto i progressi dell'elettronica, della biologia e della cibernetica, ci consentiranno di fabbricare dei robot dotati di capacità almeno uguali a quelle degli uomini, e questo su tutti i piani. Ciò avverrà a condizione che vengano messi a disposizione degli specialisti in questi campi sufficienti mezzi finanziari.

Evoluzione Del Tempo Lavorativo Quotidiano
E Cambiamenti Dei Beneficiari

Unità di produzione	Mezzi di sussistenza	Tempi lavorativi quotidiani	Beneficiario	Mezzi di scambio	Scopo dell'attività
Tribù	Caccia e raccolta	14 ore	L'individuo	Baratto	Sopravvivenza
Villaggio	Allevamento e coltura	14 ore	L'individuo	Denaro	Sopravvivenza
Manifattura	Lavoro manuale	14 ore	Il padrone	Denaro	Sopravvivenza
Fabbrica	Lavoro manuale assistito	10 ore	Il padrone	Denaro	Sopravvivenza
Fabbrica semi-automatizzata	Sorveglianza, manutenzione	8 ore	Il padrone	Denaro	Vivere meglio
Fabbrica automatizzata	Nulla da fare	0 ore	La collettività	Distribuzione	Sboccio personale

Riduzione del Divario Salariale
e Soppressione del Denaro

All'epoca dell'aristocrazia del denaro, al tempo dei signori che sfruttavano la gente contadina, le differenze salariali erano di circa uno a mille per i piccoli signori, di uno a diecimila per i grandi signori e di uno a centomila o più per i re che governavano la Terra.

Ai nostri giorni queste differenze si sono considerevolmente ridotte, in modo brutale durante la Rivoluzione Francese, per prendere solo l'esempio della Francia, poi in modo più progressivo fino alla creazione del salario minimo legale.

L'equivalente del re, il personaggio che sta al comando della nazione, il Presidente della Repubblica francese, guadagnava nel 1977 circa trenta volte l'equivalente dei più bassi salari legali, tenendo conto anche dei vantaggi in natura, degli alloggi e delle automobili di servizio che gli sono concesse. Vi è una enorme differenza in rapporto a ciò che succedeva solo duecento anni fa e questo dislivello continuerà ad assottigliarsi.

L'equivalente del grande signore, che potremmo ritrovare nella persona del deputato, del generale o dell'uomo d'affari, guadagna in media circa quindici volte il salario minimo. Non esiste paragone con le diecimila volte di cui parlavamo in precedenza.

Infine, l'equivalente del piccolo signore, che si potrebbe assimilare ai sottoprefetti o ai piccoli imprenditori, guadagna soltanto circa sette volte il salario minimo.

Tutti i governi del mondo hanno in progetto misure che mirano a ridurre le differenze salariali. In Francia di uno a sei, in Svezia si è già scesi ad un rapporto di uno a quattro, e si pensa di ridurre ancora questo rapporto in tempi brevi fino a giungere ad una differenza massima, fra il salario più alto e quello più basso, limitata a tre volte; vale a dire che nessuno guadagnerà più del triplo del salario minimo.

E questo processo continuerà, parallelamente alla riduzione dei tempi di lavoro, fino al giorno in cui su tutta la Terra le variazioni di salario saranno nulle. Risulta evidente che, quando non ci saranno più differenze salariali, il denaro non servirà più a nulla e sarà allora possibile sopprimerlo senza che questo causi il minimo problema. È probabilmente in quel momento, o poco tempo prima, che verrà accettato universalmente questo principio capitale: "Ogni uomo ha il diritto di ricevere di che vivere confortevolmente dalla propria nascita alla propria morte, senza alcuna contropartita"

Economia Distributiva

La soppressione del "lavoro forzato perenne" passa attraverso l'instaurazione di una "economia distributiva", un tipo di economia che permette la soppressione del denaro.

Questo sistema economico si basa su un principio: è necessario che le unità di produzione producano ciò di cui gli uomini hanno bisogno. Non di più, non di meno.

Esistono cose di cui gli uomini hanno un bisogno vitale:
- nutrimento
- abbigliamento
- abitazione

La società deve fornire ad ogni essere umano queste tre cose, senza alcuna contropartita.

Non si tratta di una nazionalizzazione, visto che le nazioni dovranno essere soppresse. Si tratta invece di realizzare una mondializzazione dei mezzi di produzione.

Se tutti gli esseri umani, a prescindere dalla loro funzione, dalla loro razza, dalla loro religione o dal loro sesso, riceveranno ciò di cui hanno bisogno per nutrirsi, vestirsi ed abitare (e tutto questo verrà prodotto da robot e computer), le cose che hanno realmente valore riprenderanno valore, e quelle che avevano soltanto il valore del denaro corrispondente, crolleranno.

Gli artisti, ad esempio, dipingeranno senza doversi preoccupare di vendere le proprie tele, e potranno donarle alle persone dalle quali si sentono realmente apprezzati non per snobismo o interesse.

Non appena un'invenzione verrà giudicata interessante, per quanto futile essa sia, essa verrà prodotta in serie e distribuita a tutti coloro che desiderano possederne un esemplare.

E le merci rare, mi chiederete? La civiltà del XXI secolo non conoscerà le derrate rare, a parte il genio umano. Che si tratti di caviale, di champagne o di diamanti, tutto potrà essere sintetizzato in laboratorio e prodotto a volontà. Tutto è chimico: il vino, i diamanti, il caviale, la carne o i profumi, ed ogni struttura chimica potrà essere riprodotta scientificamente. Anche la vita, anche l'uomo, alla cui base c'è soltanto una molecola di DNA che contiene il suo codice genetico e tutta la sua personalità.

Lavoro e Prostituzione

"Da un secolo il lavoro forzato spezza le loro ossa, dilania la loro carne, attanaglia i loro nervi; dopo un secolo, la fame torce le loro viscere e allucina i loro cervelli! O pigrizia, abbi pietà della nostra lunga miseria! O pigrizia, madre delle arti e delle nobili virtù, sii il balsamo delle angosce umane!"

Paul Lafargue

Gli operai che stanno otto ore al giorno dietro ad una macchina e gli impiegati che, per la stessa durata di tempo, anneriscono della carta, guardano con una smorfia sprezzante le prostitute. Eppure non c'è una grande differenza tra loro.

La prostituta affitta per alcuni istanti il proprio corpo a qualcuno per denaro; l'operaio affitta il proprio corpo ad un padrone per otto ore al giorno, sempre per denaro, ed anche l'impiegato. Anche l'ingegnere affitta per denaro il proprio corpo ma soprattutto la propria mente. Ogni essere che lavora per ottenere in cambio quello di cui ha bisogno per vivere, pratica la prostituzione.

Ho conosciuto una giovane donna professoressa di filosofia e laureata in lettere, che si prostituiva sui Campi Elisi a Parigi. Ragionava così:

"Ho un sacco di diplomi e gli impieghi ai quali essi mi danno diritto mi permetterebbero soltanto di avere di che vivere. Non avrei nemmeno un minuto per me e per fare ciò che mi piace.

54

Passerei il mio tempo ad insegnare a dei futuri droghieri la filosofia di Nietzsche, invece di scrivere, che è la mia passione. Prostituendo il mio corpo una o due ore al giorno, guadagno molto più denaro ed ho il tempo di consacrarmi ai miei libri e alla filosofia tutto il resto della giornata. Tra prostituire la mia mente e prostituire il mio corpo, non ho esitato un solo istante..."

Ecco un ragionamento che non può essere più giusto di così. Certo, tutti i lavoratori che si prostituiscono a vita non hanno la fortuna né di avere il fisico straordinario di questa giovane donna, né la fantastica lucidità. Ecco perché essi devono unirsi per esigere che la Geniocrazia venga realizzata. I geni potranno così sostituire tutte quelle persone che prostituiscono il proprio corpo o la propria mente, con macchine e computer, sopprimendo il denaro e, di conseguenza, la prostituzione.

I Lavoratori Di Domani:
I Robot Elettronici O Biologici

"Noi non avremmo più bisogno di schiavi
se gli utensili si muovessero da soli"

Aristotele

L'elettronica, la cibernetica, l'informatica e la biologia, lavorando in stretta collaborazione, consentiranno negli anni a venire di costruire robot capaci di svolgere tutte le attività che svolgono gli esseri umani, ma con molta più precisione e rapidità.

Al giorno d'oggi i nuovi computer superano ormai largamente le capacità umane, tanto sul piano della memorizzazione che su quello dell'utilizzo delle informazioni memorizzate.

Ad esempio, esistono già delle macchine che vengono utilizzate per insegnare agli studenti di medicina. Esse sono in grado di enumerare i sintomi, riconoscono le risposte degli allievi, le commentano e pongono altre domande, esattamente come un professore umano. Non si porrà alcun problema nel mettere questo computer in relazione con dei sensori collegati a vari strumenti per la misurazione della temperatura, del ritmo cardiaco, della pressione arteriosa, per il prelevamento e l'analisi del sangue e delle urine, ecc. Queste sonde si poseranno automaticamente sul paziente per fargli sostenere un esame medico senza il minimo intervento umano.

Anche il problema della comunicazione è risolto, visto che si stanno realizzando dei computer che sintetizzano la voce umana e comunicano le loro informazioni non più dattiloscrivendole, ma parlando esattamente come un essere umano. E vale anche l'inverso. Quest'apparecchio ascolta ciò che gli viene detto e risponde alle domande che gli vengono poste, il che aggiunge alle possibilità diagnostiche anche domande di questo tipo: "Vi fa male quando premo qui?". La macchina potrà porre questa domanda e anche dire "rilassatevi", quando sentirà nel malato una tensione nervosa troppo grande. Questo potrà anche essere detto con una voce dal tono molto più rilassante di quello di alcuni medici che posseggono un organo vocale poco armonioso o addirittura irritante.

Come abbiamo visto, l'utilizzo dei robot può andare molto al di là della semplice costruzione di automobili in una catena di montaggio. E non si tratta di fantascienza, ma della realtà di oggi che, come sempre, supera la fantasia. Tutto ciò che fa l'uomo, e lo ripeto, TUTTO, le macchine possono farlo meglio e più in fretta.

Questo vale anche per le arti o la creazione, che per lungo tempo abbiamo creduto essere dominio privilegiato dell'uomo. Attualmente esistono dei computer che possono comporre ed interpretare le loro opere. Tutti conoscono le sonorità dei sintetizzatori che vengono utilizzati sempre più frequentemente durante i concerti. Si tratta di computer capaci di riprodurre le sonorità di tutti gli strumenti musicali ed anche quelle della voce umana. Questi apparecchi possono essere programmati per suonare un pezzo di Bach o di Beethoven con molta più precisione di qualsiasi orchestra sinfonica del mondo. Immaginiamo un'orchestra di cento violini. Ebbene, mai questi cento violini attaccheranno la loro parte esattamente insieme. Esisterà sempre uno scarto di qualche decimo di secondo tra il più pronto ed il più lento dei musicisti, e di qualche centesimo di secondo fra tutti i musicisti. Il computer, invece, riprodurrà il suono di cento violini e li farà partire insieme al millesimo di secondo, meglio di quanto un qualsiasi direttore d'orchestra potrà mai ottenere da musicisti umani.

Alcuni diranno che il piccolo tempo di ritardo o la leggera esitazione costituiscono proprio quel qualcosa che differenzia la personalità di un direttore d'orchestra. Ma anche quest'esitazione può venire programmata al fine di fornire ad un computer una "personalità" identica.

Un altro vantaggio del computer-sintetizzatore è quello di produrre sonorità più pure degli strumenti arcaici, che si servono dell'acustica naturale delle sale dove vengono suonati. Questo diviene particolarmente evidente durante le registrazioni, quando si è obbligati a far passare i suoni attraverso un microfono, poi, attraverso un amplificatore per registrarli o diffonderli. Il sintetizzatore può invece inviare direttamente all'amplificatore delle sonorità di una purezza quasi totale, senza che queste perdano di qualità a causa dei difetti acustici del luogo dove i musicisti si trovano.

Così dice Jean-Claude Risset, incaricato delle ricerche al C.N.R.S. e compositore: "Non v'è alcun limite alla precisione e al virtuosismo di un computer. Egli può eseguire partiture difficili e ritmi complessi con un'esattezza proibitiva per gli interpreti umani; e alcuni compositori vogliono utilizzare il computer semplicemente per sbarazzarsi degli interpreti". [2]

Ciò che è possibile per i suoni lo è anche per i colori, le forme, gli odori o i sapori.

Il pittore che riproduce la curva di un'anca, non fa altro che disegnare una linea ideale fra numerose altre possibilità di traccia. Il computer può fare anche questo. Esso può riprodurre anche i difetti che caratterizzano alcuni pittori che arricchiscono i loro soggetti di lunghi colli, come Modigliani, o li disegnano con un massimo di linee verticali, come Buffet. Il computer può fare anche questo. Così come può suonare un pezzo alla maniera di Bach, può dipingere un soggetto alla maniera di Modigliani.

Un computer può anche trovare uno stile che non esiste, passando in rassegna tutti gli stili esistenti ed inventandone uno corrispondente ai gusti di un dato pubblico.

"Il ruolo del computer nei processi creativi è solo agli inizi, e la cosa è molto promettente". È il professor Arnold Kaufman, dell'Istituto Politecnico Nazionale di Grenoble, ad affermarlo [2], e l'avvenire immediato proverà che la realtà supererà le sue previsioni.

Se i computer possono accostarsi con successo a specialità difficili e sottili quanto le arti, possiamo allora facilmente comprendere che queste macchine possono, senza il minimo problema, liberare l'Umanità da tutti i bisogni necessari alla sua sopravvivenza, vale a dire il suo approvvigionamento in nutrimento, energia e prodotti finiti.

Una tappa importante nel processo di robotizzazione totale dei mezzi produttivi, sarà la stessa fabbricazione di computer e robot. Questo potrebbe richiedere molto tempo e molti sforzi. Diverrà poi possibile creare dei computer capaci di portare a termine da sé la propria fabbricazione, sulla base di un piano completo fornito da un computer centrale, un po' come la prima cellula è portatrice del codice genetico che contiene le caratteristiche fisiche di un essere completamente sviluppato. E questo computer centrale finirebbe in modo autonomo di strutturare intorno a sé i propri prolungamenti sensoriali o attivi, proprio come la prima cellula contiene tutte le istruzioni per costruire attorno a sé delle braccia e degli occhi.

Sarà anche possibile includere nel programma del computer centrale dei dati che gli permettano di riprodursi, di produrre altri computer centrali dotati delle stesse capacità, proprio come l'essere umano che crea con i propri organi genitali altri esseri umani in grado a loro volta di fare la stessa cosa. La "conservazione del modello" sarà la conservazione della specie dei computer auto-riproducibili.

Se per quanto riguarda i mezzi per la produzione di alimenti, di energia e di prodotti finiti, l'impiego di computer completamente metallici non causa alcun fastidio, non è lo stesso per i lavori domestici o per i lavori da compiere nelle immediate vicinanze del luogo di residenza degli umani. Se si possono facilmente concepire e fabbricare delle "case robot" che si puliscono da sole e rispondono automaticamente alle esigenze degli occupanti, tanto sul piano nutrizionale che su quello dell'igiene o delle distrazioni (pasti preparati sulla base di ordini vocali del padrone di casa, bagno tiepido gradevolmente dosato, televisione accesa sul programma desiderato, ecc.), è però più verosimile pensare che all'essere umano piacerà essere circondato da robot servitori autonomi e dall'apparenza umanoide.

È qui che la biologia entra in gioco.

L'uomo, trovando privo di "calore" il contatto con entità metalliche, creerà dei robot biologici, vale a dire dei robot fabbricati con materia vivente e programmati per fare ciò che si desidera.

Ci saranno certamente persone che grideranno allo scandalo, dicendo che non abbiamo il diritto di ridurre in schiavitù degli esseri viventi intelligenti: ma i computer sono anch'essi delle entità "viventi" dotate di intelligenza... Cambia forse il problema il fatto che siano costituiti di materia biologicamente vivente, quando saremo in grado di sintetizzarla?

D'altra parte, la schiavitù consiste nel far lavorare degli esseri viventi contro la loro volontà, sotto la minaccia di punizioni come la frusta o la privazione di nutrimento.

Ma la creazione di robot biologici programmati geneticamente per lavorare e per obbedire agli ordini degli uomini, ne fa degli esseri che non possono in alcun caso essere liberati dalla loro schiavitù poiché, essendo fatti per questo e non potendo assolutamente concepire altra cosa, lavorano incessantemente in modo del tutto volontario, proprio come l'essere umano mangia, beve o dorme in modo del tutto volontario.

Ma può darsi che, per marcare meglio la differenza tra gli esseri umani e i robot biologici ai quali verrà dato un aspetto umano, si farà in modo che nella loro fisionomia ci sia un qualcosa che permetta di individuare istantaneamente la differenza, un segno distintivo ereditario, un oggetto che dovrebbero portare sempre, come una collana, o una pietra applicata sulla loro fronte.

Come per i computer, questi robot biologici potranno venire prodotti in serie, direttamente utilizzabili e incapaci di riprodursi, ma anche creati con la capacità di riprodursi in modo autonomo per via sessuale o per mezzo di talee, come i vegetali.

È possibilissimo che il fatto di non dar loro immediatamente un aspetto troppo umano, permetterà di superare senza problemi gli scogli psicologici degli antischiavisti puritani. Guardare degli schiavi con una testa di cane li scioccherà probabilmente meno che osservare schiavi dalla testa umana... Certo, avere vicino degli schiavi che abbiano il fisico di Alain Delon o di Brigitte Bardot, sarebbe decisamente più piacevole!

Abolizione Del Denaro:
Il Ritorno Ai Veri Valori

Nella società odierna, l'interesse che viene manifestato per un individuo è spesso proporzionale alle sue ricchezze. Che si tratti di uno scrittore, di un pittore, di un inventore, di un musicista o di un ricercatore, chi è "al verde" non interessa a nessuno. Si antepone il valore finanziario al reale valore di un individuo e, per sottolineare la cosa, si dice abitualmente: "si presta soltanto ai ricchi"; questo vale non soltanto per i prestiti finanziari, ma, stupidamente, anche per l'attenzione che prestiamo a qualcuno. A nessuno interessa il pittore geniale che espone in strada. Ma lo stesso pittore, presentato in un'apprezzata galleria, vedrà le donne del bel mondo estasiarsi a non finire... Lo stesso vale per il musicista o il poeta. La consacrazione del denaro è la sola che abbia un valore agli occhi dei nostri contemporanei.

Un amico pittore, che inizia ad essere considerato come un grande artista contemporaneo, mi ha spiegato come il commerciante di quadri che lo sfrutta (in tutti i sensi del termine...), abbia proceduto per farlo conoscere e perché la gente giungesse ad accaparrarsi le sue tele a peso d'oro. In primo luogo egli convinse un grande artista del cinema ad acquistare una tela di questo pittore per fare uno straordinario investimento (sempre il denaro...). Poi, regalò delle tele ai giornalisti più importanti dei grandi giornali, chiedendo loro di fare un articolo per lanciare questo giovane artista, parlando della grande vedette che si interessava a questo giovane prodigio e spiegando loro che, nel giro di una settimana, i quadri che aveva regalato avrebbero preso un enorme valore e che si sarebbero poi venduti senza problemi. Una volta avviato il meccanismo, gli altri giornali si misero al passo per cantare le lodi di questa "rivelazione le cui opere vanno a ruba". Poi giunse la televisione... Allora il commerciante d'arte propose ai grandi della finanza di acquistare le "poche tele ancora disponibili" prima che raggiungessero dei prezzi troppo elevati, rivendendo loro quelle che aveva regalato ai giornalisti che si dimostrarono molto felici di intascarsi dei bei soldi...

Quel centinaio di tele che il negoziante aveva in magazzino venne venduto in un battibaleno e l'ascesa delle quotazioni andò avanti da sola; le persone cadute nel gioco del mercante d'arte osservavano queste opere esibite nel loro ambiente e riacquistavano al doppio del prezzo uno di questi famosi X... che la stampa aveva descritto come un nuovo Picasso. Il mio amico, in quel periodo, riceveva un tanto al mese (solo una ricompensa per ogni quadro) dal mercante d'arte al quale doveva fornire un certo numero di tele all'anno per tre anni! Certo, era meglio che crepare di fame sotto i tetti di Monmartre...

Ecco come si costruisce un artista di grido, utilizzando un procedimento basato unicamente sul denaro ed il profitto, e mai sull'emozione che può creare un'opera d'arte che piace. Il mio amico, di cui taccio il nome e che è perfettamente cosciente della mostruosità del sistema, consegna al suo profittatore le venticinque tele che gli deve fornire ogni anno dopo averle buttate giù alla peggio in un week-end, in uno stile completamente falso che non è il suo. Il resto dell'anno però dipinge delle cose che gli piacciono e che tiene per sé! Quando il suo contratto sarà terminato, solo allora esibirà le sue vere opere. Ma che vie oscure deve attraversare il genio per essere riconosciuto!

Quando il denaro verrà soppresso, i pittori e i musicisti, gli inventori e i ricercatori, potranno finalmente fare ciò che piace loro. Le sole persone che avranno la fortuna di possedere un quadro originale di uno dei loro contemporanei, saranno quelle che avranno saputo dimostrare all'artista quanto profondamente sentivano ciò che aveva voluto esprimere. Lo faranno con tanto calore ed emozione che quest'ultimo accetterà di regalare loro le sue opere per amicizia. Non saranno certo quelle che avranno il solo merito di avere un robusto conto in banca. Allora si instaureranno i veri valori. Non si cercherà più di stupire la gente con una collezione pagata a peso d'oro. Saranno le persone che avranno saputo meglio apprezzare e comprendere gli artisti, portando loro calore, amicizia ed incoraggiamento disinteressato, ad avere molti quadri, sculture ed arazzi. La religione del valore personale prenderà il posto della religione del denaro. Gli artisti terranno dei veri corsi a discepoli ed ammiratori che vibreranno di gioia nell'essere loro contemporanei, nel poter condividere la loro vita con loro, nell'essere i primi a veder nascere le loro creazioni.

Bisognerà allora insegnare molte cose a coloro che sanno soltanto avere e che non hanno mai provato ad essere!

Quando il denaro verrà soppresso, si comprenderà davvero perché è stato scritto "i primi saranno gli ultimi".

La Setta Più Pericolosa: L'esercito

Una società che fiorisce nella tolleranza e nella non violenza, accettando il diritto altrui alla differenza su tutti i piani: religione, sessualità, politica, ecc. Ecco come dev'essere la società di domani.

Niente più razzismo etnico, sessuale, religioso o politico. Dobbiamo smetterla di comportarci come dei primitivi, superando ogni paura nei confronti di coloro che sono o che hanno scelto di essere diversi.

La setta è la religione degli altri.

Il vizio è la sensualità degli altri.

Ecco due cose di cui è necessario prendere coscienza per essere più tolleranti.

Se un uomo è cristiano, deve rendersi conto che duemila anni fa sarebbe stato considerato come membro di una setta e che sarebbe stato forse gettato in pasto ai leoni Quest'uomo oggi non deve giudicare allo stesso modo i giovani che trovano una ragione di vita nelle nuove religioni.

Se il mio vicino si mette a proclamare che il suo ombelico è il centro del mondo, ed il credere in lui fa del bene a mille persone, bisogna lasciare che queste mille persone siano libere di costruirgli un trono d'oro, se lo desiderano e se accettano che gli altri non condividano le loro credenze, dimostrando a loro volta di essere tolleranti.

Se la fede degli altri vi disturba, è perché voi non siete molto sicuri delle vostre stesse concezioni della vita e dell'universo.

Lo stesso vale per la sessualità.

Se un uomo o una donna hanno un ritmo biologico che permette loro di trovare l'equilibrio sessuale facendo l'amore tre volte al giorno, non dobbiamo affrettarci a considerarli dei viziosi se noi invece sentiamo il bisogno di fare l'amore soltanto una volta alla settimana. A ciascuno il proprio ritmo.

Il vizio è la sensualità degli altri.

Quando coloro che hanno una religione diversa da quelle ufficialmente riconosciute, vengono ritenuti vittime di un lavaggio del cervello, ancora una volta si manca di tolleranza in modo molto grave, e la cosa può raggiungere degli eccessi nei paesi dell'Est.

Se non si accetta che qualcuno possa scegliere liberamente la propria religione senza metterne in dubbio l'equilibrio psichico o la salute mentale, si ricade negli eccessi medievali dell'Inquisizione. La tortura è stata oggi sostituita con abili tecniche come l'alienazione mentale e la privazione della responsabilità degli individui attraverso la messa sotto tutela medica o l'internamento in ospedali psichiatrici. Questi istituti possono trasformarsi in altrettanti "Goulag" per i "dissidenti" spirituali e religiosi dei paesi cosiddetti liberi.

In URSS, per giustificare l'internamento di coloro che non sono più d'accordo con il regime, si parla di lavaggi del cervello che avrebbero causato presunti squilibri mentali. Allo stesso modo, esistono alcuni che osano prendere in considerazione l'utilizzo delle stesse procedure anche nei paesi non totalitari nei riguardi di coloro che non sono più d'accordo con le grandi religioni tradizionali.

Si parla delle violenze morali o anche psicologiche che alcune nuove religioni (che chiamiamo in modo spregiativo "sette") farebbero subire ai loro giovani adepti. Ma non si parla della più importante industria del lavaggio del cervello che sia mai esistita e che pratica violenze morali e psicologiche riconosciute: il servizio militare.

Cosa subisce il giovane chiamato alle armi?

Innanzitutto una spersonalizzazione al massimo grado attraverso vari interventi sul suo aspetto fisico (taglio di capelli, abbigliamento uniformato, ecc.).

In seguito, una volta che la personalità iniziale dell'individuo è stata indebolita, la si modella per fornirgliene un'altra che corrisponda a quello che ci si aspetta da lui. Questo avviene attraverso esercizi fisici destinati a creare degli automatismi (marcia al passo, attenti, ecc.).

Infine, si giunge al controllo di questa personalità modificata con un impiego del tempo che non permetta di riflettere, con occupazioni ininterrotte, tempi di riposo molto corti, nutrimento sgradevole e di cattiva qualità (povero di proteine per rendere il cervello più sensibile alla disciplina). Le violenze morali sono onnipresenti, assieme alla persistente spada di Damocle delle punizioni, delle corvé e dei giorni di rigore, senza parlare poi delle violenze fisiche alle quali il chiamato non può in alcun modo opporsi, visto che un graduato ha sempre ragione.

Il servizio militare, ecco dove si annida realmente il lavaggio del cervello. È necessario parlarne poiché questo soggetto è alla moda. Quest'organizzazione di ipercondizionamento fa tutto il necessario affinché il giovane chiamato non debba più preoccuparsi di nulla, si senta al sicuro e si limiti ad eseguire degli ordini, soprattutto senza cercare di capire. Questo è lo scopo del processo di lavaggio del cervello: creare dei robot, degli automi che possano uccidere chiunque in qualsiasi modo, se verrà loro dato l'ordine di farlo. Anche sganciare delle bombe atomiche su città di molti milioni di abitanti... Oggi, un po' dappertutto sulla Terra, esistono dei giovani talmente condizionati che non esiterebbero un solo istante a premere un bottone per uccidere milioni di esseri umani, se venisse dato loro l'ordine di farlo.

È in questo ambiente che possiamo trovare un vero e proprio

lavaggio del cervello, non certo nelle "sette".

Il modo di procedere dei militari nei confronti dei giovani chiamati è semplice ed eloquente:

1. Spersonalizzazione
2. Modellamento nel senso voluto
3. Controllo della personalità in tal modo ottenuta

D'altra parte, è stupefacente osservare il numero di giovani che si lasciano acchiappare dopo aver passato dodici mesi nutriti e alloggiati, dodici mesi durante i quali ci si è occupati di loro e sono state date loro occupazioni quasi ininterrotte. Questi giovani si impegnano allora nell'esercito di mestiere, di fronte alle difficoltà che essi pensano di incontrare nel trovare un impiego nella vita civile. Moltissimi giovani vengono così condizionati e resi quasi incapaci di fare altro, abituati come sono a non prendere mai delle decisioni in modo autonomo dopo aver eseguito degli ordini per molto tempo.

Senza parlare poi dei veterani dei Servizi Segreti Militari, dell'Indocina, degli ex-legionari o degli "ex-marines" americani, talmente condizionati che, quando ritornano alla vita civile, non riescono a riadattarsi e cadono nella violenza e nel banditismo.

Un governo geniocratico dovrebbe studiare questo problema, per fare in modo che non vi siano più dei lavaggi del cervello organizzati dalla stessa società.

È anche estremamente rivelatore osservare i criminali di guerra, come gli ex-nazisti, trincerarsi sempre dietro al fatto "che essi eseguivano soltanto degli ordini". Se coloro che torturano i dissidenti sovietici venissero giudicati, direbbero di certo le stesse cose in propria difesa, proprio come quelli che si sono resi colpevoli delle violenze in Algeria, in Indocina o in Vietnam, o come i soldati che hanno sganciato la bomba su Hiroshima.

Tutti devono essere messi nello stesso paniere.

I militari sono il nemico numero uno dell'Umanità, poiché sono tutti degli irresponsabili e sono proprio loro a proclamarlo alla prima occasione. Ma la cosa più grave è che essi trasformano delle giovani persone responsabili in assassini potenziali, pronti ad ogni crimine, dal momento in cui verrà dato loro un ordine. Essi sanno infatti che, se un giorno verranno messi di fronte alle proprie responsabilità, potranno trincerarsi dietro al fatto di essere stati soltanto degli esecutori di ordini.

Una società moralmente pulita deve vegliare affinché tutti gli individui che la compongono siano persuasi che saranno ritenuti personalmente responsabili delle violenze che potrebbero commettere in una qualsiasi circostanza, e che l'esecuzione di un ordine implica una responsabilità tanto grande per colui che lo esegue, quanto per colui che lo dà.

Quando un individuo assume un sicario a pagamento per sopprimere qualcuno, quest'ultimo non si sente certo innocente perché ha soltanto eseguito un ordine.

È forse sorprendente desiderare che la società sia composta da esseri umani responsabili in ogni senso del termine e qualunque sia la loro funzione?

Tutti gli uomini che compongono un plotone di esecuzione e che accettano di fare fuoco su un altro essere umano, sono tanto responsabili quanto colui che ha impartito l'ordine di sparare.

Si potrà sperare di realizzare la pace universale soltanto il giorno in cui tutti gli esseri umani si rifiuteranno di compiere atti inumani sotto la copertura delle loro uniformi o delle loro funzioni.

Allo stesso modo, tutti i giudici e le giurie che condannano un innocente dovrebbero, quando quest'ultimo abbia potuto fornire le prove della sua innocenza, essere condannati ad una pena uguale a quella che hanno inflitto ingiustamente, o almeno ad una pena uguale a quella che è stata effettivamente scontata dalla vittima di una tale ingiustizia. Questo farebbe certamente riflettere maggiormente i giudici e le giurie che, a volte, emettono le loro sentenze di condanna unicamente sulla base di supposizioni o di "intime convinzioni" intolleranti e poco fondate.

Come Ridurre I Militari Al Silenzio

Provate ad immaginare cosa sarebbe accaduto se gli scienziati vissuti dopo la guerra del 1914, non avessero fornito ai poteri politico-militari dei loro rispettivi paesi il frutto delle loro ricerche, ma le avessero invece messe in comune in uno Stato neutrale. Intorno al 1935 essi si sarebbero ritrovati in possesso di conoscenze che avrebbero consentito loro di schiacciare gli eserciti convenzionali che, senza il loro apporto, non avrebbero praticamente fatto alcun progresso. La guerra del 1939-1945 sarebbe stata così evitata. Hitler non avrebbe avuto le V1 e le V2 e gli USA non avrebbero avuto la bomba atomica. Solo questo centro mondiale della pace avrebbe avuto a disposizione queste armi ed avrebbe potuto eventualmente decidere di utilizzarle contro il tiranno nazista, prima che le sue devastazioni assumessero dimensioni troppo vaste.

L'ONU con i suoi caschi blu non può fare nulla visto che si tratta soltanto di un esercito di dissuasione politica, le cui forze risultano essere irrisorie messe a confronto di quelle delle grandi potenze.

Al contrario, se gli scienziati che si occupano di sviluppare gli armamenti si alleassero per la pace, l'esempio che ho fatto precedentemente per gli anni 1914 e 1935, si riprodurrebbe rapidamente.

Avremmo potuto prendere come esempio l'epoca in cui le guerre si facevano all'arma bianca (pugnali, spade, lance, archi e frecce, ecc.). Ebbene, gli scienziati dell'epoca che hanno messo a punto le prime armi da fuoco, avrebbero potuto dominare il mondo per instaurarvi la pace se si fossero alleati fra loro, invece di lasciarsi reclutare dai poteri politico-militari.

Possiamo anche prendere l'esempio del periodo 1870-1914. Se gli scienziati del tempo avessero deciso di unirsi per sfruttare autonomamente l'aviazione e l'automobile che erano state appena inventate, essi avrebbero potuto evitare la guerra del '14-'18, riducendone al silenzio i protagonisti.

Ma è l'epoca attuale ad interessarci davvero, visto che determinerà l'avvenire dell'Umanità. Se gli scienziati si unissero ora, malgrado le armi apparentemente straordinarie a disposizione degli eserciti attuali, nel giro di dieci anni essi disporrebbero di nuove armi che trasformerebbero in pezzi d'antiquariato quelle esistenti oggi. Sarebbero così in grado di imporre la pace universale alle ultime roccaforti politico-militari recalcitranti.

I geni, che sono all'origine delle invenzioni che hanno permesso la realizzazione delle armi esistenti oggi, non incontreranno alcuna difficoltà nell'inventare degli strumenti in grado di neutralizzarle e di renderle completamente inutili. Essi potrebbero creare altre armi del tutto non violente, capaci, ad esempio, di diffondere delle onde paralizzanti che durino soltanto qualche ora, il tempo necessario affinché dei commando dell'esercito mondiale non violento, possano recarsi in tutti le nazioni interessate per distruggere i loro stock di armi nucleari o batteriologiche.

Per La Creazione Di Una Carta D'identità Genetica

"Se vogliamo impedire alla razza umana di degenerare, dobbiamo prendere cura di incoraggiare le unioni dei migliori esemplari dei due sessi e di rarefare quelle dei peggiori"

Platone

Selezione o degenerazione: questa è la sola scelta a disposizione di ogni specie vivente, essere umano compreso.

O l'essere umano opererà un'auto-selezione genetica o degenererà.

La selezione naturale esiste per tutte le specie animali. Esisteva anche per l'uomo prima dei perfezionamenti della scienza e della medicina. Oggi essa non esiste più e l'essere umano ha incominciato a degenerare. Il solo modo per fermare questa degenerazione, è sostituire la selezione naturale con una selezione artificiale, da esercitarsi non come i criminali nazisti la concepivano, ovvero su dei soggetti viventi, ma geneticamente, prima del concepimento dei bambini.

Già oggi eseguiamo degli esami prematrimoniali, volti a definire i rischi di concepimento di un bambino anormale. Ma questo non è sufficiente. Sarà necessario che ogni individuo disponga di una "carta d'identità genetica e cromosomica" che riporti le caratteristiche, le malattie, le deformazioni e le tare dei suoi antenati fino alla settima

73

generazione che l'ha preceduto.

Quando un individuo ed il suo partner desidereranno avere un bambino assieme, essi presenteranno le loro carte genetiche e gli specialisti, assistiti da computer, indicheranno loro le probabilità di avere un bambino anormale sulla base dei loro rispettivi patrimoni genetici ereditari.

Al di là di una certa percentuale di possibilità di avere un bambino anormale, sarebbe auspicabile proibire alla coppia di avere un bambino per vie naturali e proporre loro di averne uno sia tramite inseminazione artificiale, utilizzando spermatozoi provenienti da un soggetto che non presenta cattiva ereditarietà, sia attraverso l'impianto nell'utero della donna di un ovulo già fecondato da uno spermatozoo del padre, proveniente da un ceppo sano e fertilizzato.

Accettiamo la selezione per le piante o gli animali, ma quando si tratta di esseri umani non vogliamo sentirne parlare. Sarà però necessario arrivarci... o degenerare in modo lento ma certo.

L'EDUCAZIONE

*"Tutti si lamentano della propria memoria, ma
nessuno si lamenta del proprio giudizio."*

LA ROCHEFOUCAULD

Sotto gli attuali regimi mediocratici, si fornisce un'educazione del tutto simile ai geni in erba ed agli imbecilli. Questo può soltanto condurre i giovani superdotati a provare disgusto per studi che sono in grado di comprendere in qualche minuto, mentre i loro compagni impiegano giorni, settimane, mesi o anni ad assimilare. Ma, visto che i programmi scolastici vengono studiati per essere utilizzati con ragazzi dall'intelligenza media, i superdotati vengono lasciati ad annoiarsi nelle ripetizioni necessarie ai mediocri e a disinteressarsi agli studi.

Anche in questo caso la Geniocrazia deve intervenire sottoponendo a dei test i bambini nelle diverse età, al fine di individuare i geni in erba ed i superdotati per fornire loro un'educazione proporzionata ai loro mezzi.

Questi test potrebbero aver luogo a cinque anni, all'inizio del percorso scolastico, e a dodici anni, al momento dell'entrata nelle secondarie.

Ed è pure sorprendente constatare come oggi ci si occupi molto di più dei ritardati mentali, o degli handicappati, che dei superdotati, anche se dobbiamo ammettere che l'insegnamento "normale" non è adatto nemmeno a loro. Questo è un indizio rivelatore della paura che ispirano ai mediocri, garanti della mediocrazia, gli individui che possiedono un'intelligenza al di sopra della media...

Ma gli Americani e i Russi hanno già preso delle misure per evitare di sprecare i loro geni ed hanno aperto delle scuole riservate ai superdotati. Ma queste scuole, che danno dei risultati fantastici, sono ancora troppo rare e, a parte queste due "superpotenze", le altre nazioni si rifiutano di interessarsi ai giovani super-cervelli, adducendo sterili pretesti egualitari.

Si tratta di un crimine irreparabile. Quanti geni sono rimasti disgustati dagli studi? Quanti superdotati hanno visto il proprio cervello atrofizzarsi a causa dell'impossibilità di potersene servire al proprio ritmo, inevitabilmente più elevato della media?

Ma esiste un altro punto importante che va riformato in ambito educazionale: il vastissimo spazio che viene accordato alla memorizzazione, a scapito di ciò che caratterizza un essere umano: l'immaginazione, la sola vera intelligenza.

Per lunghi anni i giovani cervelli vengono riempiti con un'enorme mole di informazioni da imparare "a memoria". E, mentre si impara a ricordare, si fa lavorare la propria memoria, non la propria intelligenza. Qualunque computer è in grado di accumulare delle conoscenze. Il cervello umano dev'essere allenato ad immaginare e non a memorizzare.

Nelle scuole cinesi si inizia già a far passare gli esami agli studenti a libro aperto. Vale a dire che gli esaminatori pongono delle domande, ed i giovani hanno il tempo di sfogliare i loro libri per documentarsi sul soggetto. Essi fanno così lavorare la loro capacità di sintesi che è molto più utile della memoria.

Abbiamo conosciuto i fanatici, gli invasati del pennino, che ci hanno avvelenato l'esistenza con il loro complicato modo di scrivere a pieni e filetti, eppure ogni giorno ci serviamo di penne a sfera… Proprio come esistono oggi gli invasati delle equazioni che avvelenano gli studenti con le loro lezioni, quando tutti i problemi possono essere risolti utilizzando dei calcolatori tascabili. Questi piccoli apparecchi sono d'altra parte già stati autorizzati nelle nuove scuole americane, nelle quali vengono ammesse anche le macchine da scrivere. Bisogna affrettarsi a fare lo stesso dappertutto.

La Condizione Femminile Ed I Popoli In Via Di Sviluppo

A priori, si sarebbe tentati di dire che il fatto stesso di consacrare un capitolo a ciò che siamo abituati a chiamare "la condizione femminile", sia una forma di sessismo. Infatti la Geniocrazia si interessa agli esseri umani qualunque sia il loro sesso. Ma la misoginia è ancora talmente diffusa che mi sembra indispensabile affrontare questo problema.

Potremmo dire che, in un governo geniocratico, sia necessario che gli uomini vengano rappresentati al 50% e le donne per l'altro 50%. Ma si tratta di un errore, poiché il sesso non deve contare, soltanto l'intelligenza. Se gli uomini possono pavoneggiarsi mettendo in mostra la loro superiorità sul piano della forza muscolare di cui la nostra civiltà non sa che farsene, ci sono buone possibilità che, sul piano dell'intelligenza, le donne abbiano un leggero vantaggio. Solo i test potranno deciderlo, ed anche se il Governo Mondiale dovesse essere composto un giorno dal 75% o dal 100% di donne, se esse si rivelassero davvero più intelligenti della media, troverei la cosa del tutto normale. Per questo bisognerà porre molta attenzione al fatto che i test vengano elaborati da psicologi di entrambe i sessi per essere certi che essi siano realmente "asessuati".

Lo stesso problema si pone per le popolazioni in via di sviluppo. Potremmo essere tentati di creare dei test speciali, adattati a coloro che, a volte, vengono chiamati "primitivi". Sarebbe però un errore poiché, anche in questo caso, solo l'intelligenza deve contare. E che non si venga a dire che bisogna mettere questi popoli al riparo della civiltà per conservarne la specificità…

I gruppi etnici minoritari, o molto in ritardo sulla nostra civiltà, dovranno, come ogni organismo vivente, adattarsi o scomparire, a meno che non vengano mantenuti nel loro stato primitivo in quegli spaventosi zoo umani che gli uomini chiamano "riserve".

Se la civiltà occidentale non fosse stata la migliore, oggi vedremmo Indiani e Biafrani intenti a risolvere i problemi di fame nel Massiccio Centrale francese e a New York. Questa civiltà, tuttavia, è sì radicata nei paesi ricchi, ma è anche considerata dai paesi in via di sviluppo come un modello da seguire.

Il voler lasciare che alcuni gruppi etnici minoritari conservino i loro costumi barbari, adducendo il pretesto del rispetto delle loro tradizioni, è anch'esso un crimine paragonabile alla misoginia. La televisione francese ha recentemente mostrato una tribù che considera ancora la donna come un essere inferiore e impuro. Alle donne vengono riservate le case peggiori, il nutrimento più cattivo e viene impedito loro di entrare nel settore riservato agli uomini!!! Se venissimo a conoscenza di una tribù sulla Terra che pratica la schiavitù, faremmo di tutto per porre fine a questa pratica. Ma siccome si tratta solo di una segregazione di cui sono vittime le donne, allora chiudiamo gli occhi. Peggio! Diciamo che bisogna rispettare i costumi di queste tribù… è una cosa intollerabile. Nessun popolo sulla Terra ha il diritto di praticare il razzismo sessuale. Esso dev'essere soppresso ovunque si nasconda… e naturalmente anche nella stessa civiltà occidentale.

"La donna è l'avvenire dell'uomo…" dice il poeta. Ed egli ha certamente ragione, poiché il mondo di violenza che conosciamo oggi, è il frutto di una successione di governi quasi esclusivamente maschili. È forse un segno del cielo che, proprio nel momento in cui gli uomini si preparano a far saltare tutto, le donne cominciano ad avere il diritto alla parola. Si potrebbe dunque tradurre la frase del poeta con: "la donna è l'avvenire dell'Umanità..."

È certo che mai una donna avrebbe dato l'ordine di sganciare la bomba che ha distrutto Hiroshima, che mai una donna avrebbe inviato delle V1 su Londra e che mai una donna avrebbe ordinato la fabbricazione di armi batteriologiche. Le donne possiedono un maggiore rispetto della vita, forse perché esse la danno, forse perché non vengono allevate in un'atmosfera in cui si fa una così grande apologia della forza, ma il risultato è evidente. Le manifestazioni di donne che hanno avuto luogo in Irlanda del Nord, sono una prova che le donne rappresenteranno una delle forze principali per l'instaurazione della pace universale.

Demografia

"Se nel mondo intero i bambini indesiderati non venissero
concepiti, il problema demografico sarebbe in gran parte risolto"

Il vice presidente del population council

Il tempo del "crescete e moltiplicatevi" è finito per mancanza di spazio vitale. Fortunatamente, per la prima volta nella sua storia, l'uomo possiede i mezzi per controllare il proprio sviluppo demografico.

Qualche irresponsabile continua a lamentarsi del fatto che la popolazione francese, fra le altre, abbia compreso la necessità di fare meno figli affinché essi siano più felici, o semplicemente perché possano sopravvivere. Agitano lo spauracchio dei "popoli vicini che si moltiplicano e che rischiano un giorno di costituire una minaccia". Essi non si rendono conto che, se le nazioni continueranno ad essere economicamente rivali (cosa da evitare ad ogni costo), quelle che ne usciranno meglio saranno proprio le meno popolate, per la semplice ragione che avranno meno bocche da sfamare quando l'automazione consentirà di produrre il necessario senza quasi dover utilizzare mano d'opera.

Nel 1976, per la prima volta in tutta la sua storia, la Francia ha visto i propri tassi di crescita demografica arrestarsi o addirittura registrare un leggero regresso. Siamo ad una data storica per questo paese.

È necessario incoraggiare i giovani del mondo intero ad avere ancora meno figli, anche se viene detto loro che, quando saranno anziani, non ci saranno abbastanza giovani per nutrire i vecchi. Non è vero! Poiché sta arrivando l'automazione, e i genitori di oggi stanno costruendo un mondo in cui i loro figli non avranno bisogno di lavorare per nutrirli.

È inoltre necessario che le donne facciano sentire la propria voce e che non si lascino sfruttare dai mercanti di pillole, felicissimi di impinguarsi alle loro spalle. Si è da poco messo a punto un vaccino che sostituisce la pillola e che è efficace per un periodo da uno a tre anni, senza avere gli effetti collaterali di quest'ultima. I laboratori farmaceutici hanno però deciso di riservare questo metodo contraccettivo ai paesi in via di sviluppo, poiché il vaccino non costa quasi nulla, mentre la pillola acquistata regolarmente è una gallina dalle uova d'oro! Non bisogna tollerare che degli interessi finanziari privino le donne di una scoperta così liberatoria, che ha però l'inconveniente di essere troppo economica !!!

La Giustizia

C'è un altro campo in cui la Geniocrazia dovrebbe essere di rigore: la giustizia. In effetti, come possiamo accettare che degli uomini ne giudichino altri, senza essere certi che siano più intelligenti di loro? È forse concepibile che un genio venga giudicato da degli imbecilli? Eppure è quello che succede attualmente, ed è sempre andata così.

Solo le persone in grado di essere elettori dovrebbero avere il diritto di essere dei giudici per i reati. E per i crimini i giurati dovrebbero essere scelti fra gli eleggibili: i geni.

Quanto alle punizioni inflitte ai criminali, esse in pratica sono quasi sempre condanne di recidivi. Nei fatti non riusciamo a cambiare i criminali, ma li induriamo o li irritiamo ancora di più. Eppure oggi esistono dei mezzi scientifici di intervento per guarire gli individui che si sono resi colpevoli di violenze.

Il dottor Heinz Lehman dell'università McGill, ha scoperto una droga che sopprime l'aggressività troppo forte e generatrice di violenza. Sarebbe quindi più ragionevole condannare i criminali ad un trattamento con questa sostanza che avrebbe un reale effetto su di loro, invece di segregarli in una prigione.

Sarebbe indubbiamente preferibile prevenire i crimini invece di intervenire solo dopo che sono stati compiuti. Si potrebbe forse considerare la possibilità di misurare il livello chimico di aggressività negli adolescenti e di correggerne le carenze, grazie alla sostanza sopraccitata, prima che il soggetto venga spinto al compimento di atti criminali.

Alcuni grideranno al "lavaggio del cervello", ma cosa cerca di ottenere una società che imprigiona i suoi criminali per dieci o venti anni se non cambiarli, se non togliere loro la personalità di assassini? Anche in questo caso si effettua un lavaggio del cervello di lunga durata che si rivela spesso inefficace. Un intervento chimico, i cui effetti potrebbero essere regolarmente controllati, sarebbe nettamente meno barbaro che rinchiudere un individuo in una cella per anni.

Gli Adolescenti Martiri

Non parliamo qui di bambini picchiati, o almeno non esclusivamente. Si tratta di far sì che gli individui che saranno autorizzati a votare a diciotto anni, raggiungano questa età come esseri umani sbocciati. Per questo è necessario che essi, come minimo, abbiano una vita intima durante i quattro anni precedenti. Vale a dire che, a partire dai quattordici anni, gli adolescenti dovrebbero avere il diritto di avere una vita sessuale, politica e religiosa indipendente dai loro genitori.

È necessario dunque sopprimere le leggi che rendono automaticamente un rapporto sessuale fra un individuo maggiorenne ed un individuo minorenne un abuso di minore, e riconoscere agli adolescenti il diritto ad una vita sessuale indipendente e libera grazie ai moderni mezzi di contraccezione.

Bisogna anche autorizzare le adolescenti a consultare un ginecologo da sole e senza i loro genitori, gratuitamente, lasciando loro la libertà di scelta nell'utilizzare un contraccettivo.

Bisogna inoltre autorizzare gli adolescenti ad aderire ad un qualsiasi movimento religioso o politico senza autorizzazione da parte dei genitori.

Bisogna proibire i castighi corporali a partire dai quattordici anni, sia che essi provengano dai genitori o dagli educatori.

Bisogna riconoscere agli adolescenti il diritto alla scelta del loro aspetto fisico, cioè la libertà di scegliere il tipo di abiti che piace loro, l'acconciatura che piace loro, ecc.

Bisogna creare dei centri nei quali gli adolescenti che si sentono male a casa loro, possano andare a vivere in comunità senza l'autorizzazione dei genitori.

Bisogna autorizzare gli adolescenti a scegliere, in caso di divorzio dei loro genitori, la persona con cui preferiscono vivere.

Bisogna riconoscere ad ogni adolescente il diritto di scegliere se preferisce o meno andare in collegio.

Bisogna sopprimere le pagelle per gli adolescenti.

CREAZIONE DI CENTRI DI SBOCCIO

Affinché tutti gli individui possano schiudersi al massimo delle loro possibilità, sarà necessario creare, in tutte le grandi città ed in tutte le regioni del mondo, dei centri di sboccio e di risveglio del corpo e della mente.

Certe persone che non hanno avuto la possibilità di aprirsi a causa dei blocchi causati dal loro ambiente familiare, in questi centri potranno liberarsi e sviluppare così il loro massimo potenziale. Questo darà loro la possibilità di divenire elettori o addirittura eleggibili, quando, sette anni più tardi, verranno nuovamente sottoposti ai test.

In questi centri e sotto la guida di specialisti, psicologi, sessuologi, filosofi, ecc. sarà possibile progredire sulla strada della conoscenza di sé, sopprimere falsi concetti ed aprire la propria mente sull'infinito avvicinandosi a differenti tecniche di meditazione.

La priorità dovrà essere accordata alla sessualità, fattore principale di blocco psicologico, e prima ancora alla sensualità.

Quando, a breve o lungo termine, il denaro verrà eliminato, gli esseri umani dovranno poter soddisfare la propria sessualità liberamente e senza il minimo complesso. Questi centri potrebbero costituire il mezzo per sopprimere totalmente la prostituzione. In effetti, uomini e donne potrebbero incontrarsi liberamente in questi luoghi ed acconsentire reciprocamente ad avere dei rapporti sessuali senza alcuna contropartita se non il piacere dato all'altro. Psicologi e sessuologi aiuterebbero le persone con i problemi maggiori a scoprire i loro gusti e a trovare dei partner che li condividono.

Sarebbe anche auspicabile che, nell'ambito di questi centri, questi specialisti affrontino il tema dell'educazione sessuale che gli insegnanti, anch'essi completamente bloccati o pudibondi, non trattano o trattano molto male con i loro studenti. Essi se ne occuperebbero non solo attraverso un approccio teorico, freddo e tecnico, destinato ad insegnare ai bambini il "come funziona", ma darebbero soprattutto un'educazione sensuale affinché essi comprendano "come trarre piacere". Questo è di gran lunga più importante e conduce realmente gli individui allo sboccio.

Nel quadro del riconoscimento del diritto ad una vita sessuale libera ed indipendente per gli adolescenti, quest'educazione sensuale teorica potrebbe d'altra parte venire completata, per quelli che ne manifestassero il desiderio, da una messa in situazione.

In questi centri di sboccio queste esperienze pratiche potrebbero avvenire, fra partner consenzienti o in compagnia di iniziatori, con tutte quelle garanzie che la presenza di specialisti comporta sul piano della progressività tanto fisica che psichica. Si potrebbero così eliminare quasi completamente quegli atti violenti o sgarbati che traumatizzano definitivamente o irreversibilmente ragazze e ragazzi ignoranti.

Si potrebbe sopprimere in tal modo anche un numero enorme di gravidanze indesiderate che sfociano quasi sempre in aborti o in giovinezze sciupate a causa di un impegno familiare prematuro. Infine, uno dei flagelli della nostra epoca verrebbe praticamente arrestato: il propagarsi delle malattie veneree dovuto al fatto che l'80% dei giovani fanno l'amore per la prima volta con delle prostitute.

I mezzi contraccettivi moderni consentirebbero a dei giovani in salute di restare sani iniziandosi ai piaceri della sessualità senza il minimo rischio, con dei partner scelti fra quelli che frequentano tutti i giorni, e non nel sordido ambiente della prostituzione.

Il Ritorno Alla Natura Grazie Alla Scienza

Alcuni credono che per ritornare alla natura, per ritrovare una certa libertà, una certa comunione con gli elementi naturali, sia necessario rifiutare la scienza. Non è vero!

Gli uomini, in origine, dovevano battersi contro la natura ostile per poter sopravvivere. Dovevano pensare solo a questo, tutto il giorno e tutti i giorni della loro vita. Impiegavano ore per fabbricare anche il più semplice strumento per cacciare o pescare. E per gli strumenti agricoli impiegavano ancora più tempo.

Poi è arrivata l'era industriale, e gli uomini hanno dovuto passare le loro giornate nelle fabbriche o negli uffici. Erano di certo lontani dalla natura ma, per la prima volta, hanno avuto del tempo a loro disposizione. Per qualche ora al giorno ed anche per dei mesi all'anno, essi hanno ottenuto il diritto di non preoccuparsi più dell'attività che consentiva loro di vivere. Ogni bisogno quotidiano è stato alleviato dall'utilizzo di elettrodomestici. Invece di passare tre ore alla settimana al lavatoio, con le mani nell'acqua fredda e inginocchiate a terra, le donne si sono ritrovate a mettere soltanto un po' di polvere in una macchina e a premere un bottone. Rifiutare la scienza ed il progresso significa anche rifiutare questo e voler ritornare al lavatoio.

Se molti uomini hanno questa nostalgia, è perché non hanno mai lavato la loro biancheria da sé... E se qualche donna lo desidera, è perché essa non sa che cosa vuol dire; per loro la campagna, le caprette e le patate dell'orto, sono lo spettacolo dei week-end passati nella seconda casa. Ma se si rifiuta la scienza ed il progresso, le caprette bisogna mungerle tutte le mattine al levar del giorno, a mano; tagliare per loro il fieno per l'inverno, sempre a mano, e cavare le patate, ancora a mano, dopo aver tagliato della legna per riscaldarsi, cucito dei vestiti per coprirsi, ecc… E allora non rimane più nemmeno un minuto per leggere, andare al cinema, scrivere, dipingere o fare una qualsiasi cosa per sbocciare.

No, invece di voler tornare indietro, bisogna continuare sulla strada del progresso scientifico, che permette agli esseri umani di ritornare alla natura soltanto per trarne profitto, senza subirne gli inconvenienti e senza doversi procurare con difficoltà il nutrimento.

Quando il lavoro verrà interamente automatizzato e non ci sarà più il denaro, gli esseri umani ritorneranno alla natura per viverci senza aver nient'altro da fare che comunicare con essa per sbocciare in armonia con gli elementi.

Allora coloro che lo vorranno, potranno allevare capre o piantare le loro patate, ma solo perché la cosa li divertirà e non perché altrimenti non avrebbero altri mezzi per nutrire i loro figli.

Per La Creazione Di Una Lingua Terrestre

Una delle cose più importanti per rendere possibile una vera unione dei popoli della Terra, è la creazione di una lingua che non deve essere mondiale o universale, visto che la Terra non è l'universo intero né il mondo, ma di una "lingua terrestre".

Ci sono già stati dei tentativi per introdurre una lingua di questo tipo, come ad esempio "l'esperanto", ma sfortunatamente quest'ultima trae le proprie origini da radici greche e latine, il che non è assolutamente ammissibile per gli Orientali che rappresentano comunque più della metà dell'Umanità. I Cinesi ed i Giapponesi non hanno nulla a che fare con le radici latine...

No, la sola soluzione per creare una vera lingua terrestre suscettibile di essere ammessa da tutti i popoli del pianeta, è che questa lingua sia nuova al cento per cento, in modo da non avvantaggiare nessun gruppo etnico nel suo apprendimento. Una nuova lingua che possiamo in qualche modo definire al cento per cento sintetica.

È necessario dunque riunire al più presto i migliori specialisti di linguistica, affinché lavorino con l'aiuto di computer alla creazione di questa nuova lingua terrestre che un domani verrà parlata dalla totalità degli esseri umani del pianeta.

Questa lingua dovrà essere insegnata come prima lingua a tutti i bambini del mondo, oltre alla loro lingua materna, o meglio, alla loro lingua regionale, che avrà il compito di portare in sé le ricchezze della loro cultura.

Allo stesso tempo verranno soppressi gli inni nazionali. Si

potrebbe inoltre indire un immenso concorso affinché gli artisti del mondo intero concepiscano un inno terrestre che verrebbe obbligatoriamente suonato prima di ogni manifestazione pubblica, affinché una coscienza planetaria si installi sempre più nelle menti degli esseri umani.

La stessa cosa potrebbe essere applicata alle bandiere, sopprimendo le bandiere nazionali e lanciando un concorso per la creazione di una bandiera terrestre, una bandiera dell'Umanità. Questa bandiera dovrebbe anch'essa sventolare su tutti gli edifici pubblici o durante le manifestazioni pubbliche, eventualmente accompagnata dalla bandiera regionale.

La Volgarizzazione Scientifica

"Uno strano bipede che accumulerà le proprietà di riprodursi senza maschio come il pidocchio; di fecondare la sua femmina a distanza come i molluschi nautili; di cambiare sesso come i pesci xifofori; di riprodursi come il lombrico; di sostituire le sue parti mancanti come il tritone; di svilupparsi fuori dal corpo materno come il canguro e di mettersi in stato di letargo come il riccio"

JEAN ROSTAND
(Definizione dell'uomo nuovo, capace di dominare
la biologia, l'Homo biologicus)

Se si cerca di spiegare ad una persona qualsiasi, incontrata per strada, che tra qualche anno si riuscirà a creare scientificamente degli esseri viventi in laboratorio, dei computer capaci di parlare, di ascoltare, di comporre della musica, di riprodursi da sé, e che forse si giungerà prossimamente a diventare eterni ricreando un individuo grazie a una delle sue cellule attraverso il processo che viene chiamato clonazione, molto in fretta il brav'uomo penserà che chi gli dice tutto ciò ha un gran bisogno di riposo e che i suoi discorsi sono del tutto insensati. Eppure tutto questo sta per realizzarsi o è sul punto di essere realizzato, e vari team di scienziati molto avveduti e per niente fra le nuvole, stanno lavorando con grande impegno a questi progetti in numerosi paesi del mondo.

Ma perché esiste un tale dislivello tra l'uomo della strada e la realtà scientifica? Semplicemente perché non viene data sufficiente importanza alla volgarizzazione scientifica. Com'è possibile che, nella nostra epoca, la televisione dedichi più tempo ai programmi religiosi che ai programmi di volgarizzazione scientifica? Perché meravigliarsi poi che tutte le nuove sette oscurantiste e colpevolizzanti facciano il pieno? Ogni volta che viene diffusa una trasmissione religiosa, come ad esempio la messa della domenica mattina, una trasmissione di pari durata dovrebbe permettere a dei volgarizzatori scientifici atei di spiegare a che punto si trova la scienza sul piano della creazione della vita che le religioni cercano di far passare come il privilegio di un dio immateriale. Allo stesso modo, ogni volta che viene proiettato un film ad ispirazione religiosa, dovrebbe essere trasmessa, in conformità ad un "diritto di risposta ideologica", una trasmissione che riunisce scienziati atei.

Anche l'educazione dei bambini dovrebbe accordare, fin dalla tenera infanzia, maggior spazio alla volgarizzazione scientifica. Si mandano i bambini al catechismo e non si fa nulla per far scoprire loro le fantastiche rivelazioni della biologia moderna o dell'informatica.

È assolutamente necessario combattere questa "oscurantizzazione" dei bambini, riequilibrando le educazioni religiose che essi subiscono sia direttamente dai genitori che da organismi specializzati, attraverso una volgarizzazione scientifica precoce che ristabilisca un equilibrio in cervelli ancora troppo sensibili e malleabili per farsi autonomamente un'idea delle cose.

A maggior ragione, si comprende con facilità che le scuole religiose dovrebbero essere soppresse per non aggiungere altri elementi a questo processo di condizionamento precoce degli individui. La libertà religiosa di individui pienamente responsabili sì, ma il condizionamento istituzionalizzato o anche tollerato no.

Non è più ammissibile che, nell'epoca della cosmonautica, si insegni ancora ai bambini che andranno "in cielo" se diranno le loro preghiere! E anche se i loro genitori glielo raccontano, è necessario che la scuola spieghi loro molto presto che non soltanto è possibile andare in cielo, ma anche sulla Luna, e che sulla Terra esistono moltissime religioni che insegnano cose molto diverse. Bisogna dire loro che non è possibile affermare che una religione sia superiore alle altre, insistendo sul fatto che ci sono anche persone che non ne abbracciano alcuna e che per loro va molto bene così...

Bisogna spiegare loro, ad esempio, che i "miracoli" non esistono. Esistono soltanto dei fenomeni scientifici che un giorno verranno spiegati, anche se oggi non lo sono ancora. Si deve dire loro che, se è facile impressionare un primitivo con una lampada tascabile, è altrettanto facile impressionare degli esseri cosiddetti civilizzati con dei mezzi molto perfezionati come i raggi laser o le proiezioni tridimensionali senza schermo...

Si dovrebbero inoltre spiegare tutti quei "miracoli" ben conosciuti ai quali fanno allusione le tradizioni religiose, per dimostrare che ogni viaggiatore proveniente da un mondo più evoluto con un apparecchio volante, sarebbe stato preso per un "dio" arrivato su un carro di fuoco dagli esseri primitivi di duemila anni fa. Una proiezione tridimensionale sarebbe stata presa per una "apparizione" ed un essere proveniente dal cielo in un veicolo spaziale, come quelli che noi oggi inviamo nell'universo, sarebbe stato scambiato per un "angelo". La ricreazione di un essere morto a partire da una delle sue cellule grazie ad un processo di "clonazione", sarebbe stata presa per una resurrezione miracolosa, ecc.

Non si tratta di impedire ai bambini di credere in una cosa qualsiasi, ma di fornire loro i mezzi per scegliere le loro credenze da sé, sbarrando il passo ad un condizionamento unilaterale, tradizionale ed abituale. Una fede profonda e liberamente accettata è bella, ma un indottrinamento totalitario è qualcosa di odioso.

Il Rispetto Della Libertà e Delle Libertà

Duemila anni fa quelli che con le loro idee creavano fastidi venivano crocifissi e, quattrocento anni fa, venivano messi al rogo. Ai nostri giorni, per rimpiazzare il martello, i chiodi o il rogo, i seviziatori hanno indossato un camice bianco e rinchiudono queste stesse persone negli ospedali psichiatrici. Quello che veniva fatto in nome della religione o della morale, ora si pratica nel nome della salute mentale. L'utilizzo della scienza per mantenere l'ordine pubblico, sostituisce l'utilizzo dei dogmi. I nuovi "calvinisti" non vengono più spinti a delle conversioni forzate, ma a delle "normalizzazioni" forzate. Leggendo queste righe, tutti pensano ai dissidenti sovietici, ma io non cercherei così lontano. L'urlo lontano dei lupi non mi impedisce di sentire il sibilo del serpente che striscia ai miei piedi...

Io dico che attualmente, nel 1977, nei paesi detti "democratici" come la Francia, è possibile fare internare chicchessia in un ospedale psichiatrico. Il disgraziato si trova costretto a dare prova della propria salute mentale di fronte a degli psichiatri che possono essere al contempo giudici e accusatori, il che in certi casi può risultare assolutamente impossibile.

Attualmente un qualunque sindaco può far internare in un ospedale psichiatrico, affinché subisca degli esami, un cittadino del proprio comune che venga reputato pericoloso per l'ordine pubblico. Immaginiamo un individuo che non mette in pericolo l'ordine pubblico, ma la poltrona del suddetto sindaco; questi può benissimo vedersi internare e, mostruosamente rivoltato dal metodo utilizzato, essere realmente giudicato pericoloso dagli psichiatri e messo sotto custodia per un certo periodo nella clinica medica. Tutto ciò avrà come effetto quello di rovinare la sua carriera politica, senza parlare degli effetti traumatizzanti ed irreversibili sul piano psichico.

E questo può accadere al di fuori del sistema giudiziario, senza che nessun tribunale intervenga e senza che la persona internata abbia commesso alcun atto riprovevole!

Questo sistema, che ha preso piede in URSS e che si è sviluppato fino a diventare una pratica corrente, può un domani ingigantirsi in Francia fino a raggiungere le stesse proporzioni. Occorre prendere delle disposizioni prima che ciò accada, poiché in seguito una tale iniziativa sarebbe anch'essa considerata come una manovra dissidente, dunque meritevole di un trattamento psichiatrico...

Ma come agire se non è già troppo tardi?

Prima di tutto, sopprimendo per chiunque il diritto di chiedere l'internamento di qualcuno, senza che quest'ultimo abbia commesso un atto riprovevole.

In seguito, facendo precedere ogni internamento in un ospedale psichiatrico da un giudizio pubblico che dia all'interessato la possibilità di difendersi. Gli verrà permesso, in particolare, di scegliersi un avvocato ed uno psichiatra della difesa che avrà il compito di dimostrare al tribunale psichiatrico che l'individuo giudicato è forse un originale (il che è una qualità), ma non è psichicamente pericoloso per la società; in quest'ambito devono essere presi in considerazione solo gli atti fisicamente pericolosi per gli altri. Nessuna idea dev'essere mai soffocata adducendo il pretesto del pericolo morale, poiché è così che si giunge a questa moderna inquisizione che è l'incriminazione dei dissidenti.

Questo tribunale sarà composto da uno psichiatra procuratore, da tre psichiatri giudici ed eventualmente da una giuria di eleggibili, cioè di geni.

Il paziente che viene considerato da internare, potrà, come di fronte ad una qualsiasi altra corte giudicante, fare appello alla sentenza e chiedere di essere giudicato da un altro tribunale. Nell'attesa, egli verrà internato soltanto se ha commesso un atto riprovevole prima della sua prima comparizione.

D'altra parte, nel corso del trattamento, il paziente potrà essere assistito dal proprio psichiatra avvocato, tanto per quanto riguarda la sorveglianza delle terapie, che per l'evolversi della sua guarigione e la domanda di libertà in funzione di quest'ultima. Questo rappresenta una garanzia supplementare contro eventuali tentativi di spersonalizzazione ed un conforto per il malato. Egli si sentirà così assistito da qualcuno di imparziale che cerca solo di aiutarlo ad uscire al più presto dalla clinica in cui è rinchiuso. Questo, fra l'altro, sarà un fattore di accelerazione della guarigione. Si eviterà così che l'internato si ribelli al fatto che uno psichiatra, con il quale può non aver voglia di essere simpatico, decida o no della sua uscita quando gli sembrerà il momento giusto.

Se da un lato possiamo augurarci di spersonalizzare un essere violento, spersonalizzare un essere che la pensa in modo diverso è un vero e proprio atto criminale, anche se con il tempo, queste spersonalizzazioni verranno attuate nelle prigioni, chimicamente, chirurgicamente o in qualsiasi altro modo.

In Francia si sta sviluppando sempre più questa tendenza molto grave a non tollerare che qualcuno pensi in modo diverso da ciò che è ammesso dalla maggioranza. Questo accade, ad esempio, negli ambienti dove si commette l'errore di non dare importanza al rispetto della libertà di pensiero e di espressione. È un indizio rivelatore vedere che la Federazione Francese di Atletica si è rifiutata di rilasciare una licenza ad un campione come Guy Drut, semplicemente perché quest'ultimo aveva tenuto dei discorsi innovatori dopo la sua vittoria ai Giochi Olimpici. Questo è fascismo: impedire ad un atleta di praticare uno sport perché ha manifestato delle idee non conformi a quelle delle autorità che governano questo sport, dei discorsi dissidenti, in breve. La cosa grave è che questi metodi di repressione vengano impiegati da un organismo nazionale. Si tratta infatti di repressione nella sua forma più grave: quella delle idee. E nessuno grida allo scandalo, nessuno interviene per dire che è indegno di un paese sensato non rispettare la libertà di pensiero. O meglio, che le persone che hanno osato utilizzare tali metodi, sono indegne di ricoprire ancora le loro cariche. L'indifferenza di fronte all'intolleranza ed al fascismo rende complici tutti coloro che non reagiscono a ciò che anch'essi un giorno rischiano di subire. La cosa inizia nelle federazioni sportive e termina nei campi di concentramento.

La Normalizzazione Dell'opinione Pubblica: Un Enorme Pericolo

Fra le cose che fanno planare sulla libertà le minacce più pericolose, c'è la televisione. Ben utilizzata, essa costituisce uno degli strumenti più preziosi per il ricongiungimento dei popoli della Terra ed il rafforzamento di una vera coscienza planetaria. Grazie al mezzo televisivo, infatti, ognuno può essere messo immediatamente al corrente e sentirsi partecipe di quello che accade in ogni regione del globo. Possiamo anche dire che la televisione costituisce una sorta di sistema nervoso centrale dell'Umanità.

Ma la cosa grave, è che questo mezzo può essere utilizzato per diffondere informazioni false o presentate in modo da influenzare le reazioni delle popolazioni.

I giornalisti dovrebbero limitarsi a presentare le informazioni allo stato grezzo, il più obiettivamente possibile e senza esprimere la loro opinione. Invece assistiamo con sempre maggiore frequenza ad una presentazione di tipo "personalizzato" dei telegiornali, in cui il presentatore si permette di esprimere la propria opinione sugli avvenimenti che tratta.

Se da una parte è giusto che esistano i cosiddetti "giornali di opinione", che siamo liberi di scegliere in funzione dei nostri gusti o delle nostre tendenze politiche, dall'altra è inammissibile essere obbligati ad ascoltare su delle reti nazionali e teoricamente obiettive, l'opinione di individui che non sono assolutamente abilitati a darne, e questo in ogni campo. Certo, essi evitano con cura di pronunciarsi su argomenti politici, poiché sanno bene che andrebbero incontro a gravi problemi… Ma a proposito di fatti diversi, che a volte hanno un'enorme importanza politica indiretta, essi danno libero sfogo ai loro stati d'animo o alle loro opinioni personali. Questo comportamento conduce, da una parte, a provocare la ribellione in coloro che non sono del loro stesso parere, dall'altra, ad entusiasmare quelli che la pensano come loro. Ma la cosa più grave è che questi individui influenzano la maggioranza, i "senza opinione", che ora ne avranno una basata sui discorsi che ha fatto "il tipo del telegiornale".

Il mezzo per combattere questa tendenza a normalizzare le reazioni dell'opinione pubblica - normalizzazione estremamente grave che può sfociare in una normalizzazione controllata dallo Stato - potrebbe consistere nell'obbligare le televisioni a presentare delle informazioni grezze, senza il minimo commento. La notizia in questione potrebbe poi essere seguita dalle argomentazioni di due giornalisti, uno che metta senza passione l'accento sui lati negativi dell'avvenimento trattato, l'altro che faccia vedere, anch'egli senza emozione, gli aspetti positivi dello stesso avvenimento.

Il pubblico potrebbe così farsi un'opinione autonoma, poiché è in possesso di tutti gli elementi necessari, senza essere condizionato da discorsi unilaterali e spesso stupidi o oscurantisti.

Ogni informazione verrebbe presentata da un giornalista neutrale, un giornalista "procuratore" ed un giornalista della difesa.

Potremmo allora sperare di non dover ascoltare mai più questa frase, più inquietante che stupida, che dice: "Che cosa dobbiamo pensare di…" e vederla sostituita da: "Che cosa possiamo pensare di…". Non si *deve* pensare nulla, si *può* pensare ciò che si vuole. Quando frasi come queste vengono pronunciate quotidianamente, alla televisione o nei giornali, la libertà di pensiero è in pericolo. Ma purtroppo nessuno reagisce! È tempo di pensarci.

Quando si ammette la possibilità di *dover* pensare in un certo modo, allora si inizia a considerare anche che chi non la pensa come gli viene detto di pensare, sia un dissidente.

L'Era d'Oro

Il dislivello sempre maggiore che esiste e che continua ad aumentare fra gli scienziati e "l'uomo della strada", fa sì che quest'ultimo non si renda del tutto conto dei prodigi che avverranno negli anni a venire e che sconvolgeranno totalmente la nostra civiltà.

Quando si dice che presto si creerà la vita in laboratorio, la maggior parte delle persone ride, pensando che la cosa sia impossibile o che verrà realizzata tra alcuni secoli. Invece, in decine di laboratori, esistono scienziati che stanno lavorando alacremente a questi progetti e che pensano di avere risultati nel giro di una decina d'anni, cioè domani.

Cercheremo quindi di vedere insieme quale sarà il mondo di domani o piuttosto di domani mattina, per non dire di questa sera, visto che le cose vanno così in fretta ed accelerano sempre più. Ma ricordatevi anche che le previsioni che seguono saranno certamente sorpassate dalla realtà.

La Terra diverrà un vero paradiso, innanzitutto grazie al controllo del clima. Sarà possibile fare piovere a volontà, e di conseguenza, per non disturbare le popolazioni, si farà piovere di notte.

Poi, visto che il lavoro verrà completamente robotizzato, la popolazione non avrà più alcun motivo per abitare in regioni fredde ed inospitali. Ci sarà quindi sulla Terra una zona residenziale situata in paesi dal clima dolce e caldo, una zona di produzione agricola situata in paesi a clima temperato, ed una zona di produzione industriale situata in paesi dal clima sgradevole.

La longevità umana aumenterà progressivamente, ma in tempi brevi, fino ai centotrent'anni, per raggiungere in seguito i settecento anni circa. L'ultima tappa consisterà nel raggiungimento dell'immortalità, a meno che gli esseri umani non preferiscano l'eternità attraverso vari corpi e scelgano di essere ricreati dopo la loro morte grazie al codice genetico contenuto nelle loro cellule. Questo avverrà grazie ad un processo che già oggi funziona con i vegetali e con alcuni piccoli animali, e che viene chiamato "clonazione".

Tutti i popoli della Terra si comprenderanno perfettamente, poiché avranno lo stesso governo, gli stessi mezzi di produzione e la stessa lingua.

Gli spettacoli saranno una specie di cinema totale di cui si godrà con tutti e cinque i sensi, vale a dire non solo con la vista e l'udito come accade ora, ma anche con l'odorato, il gusto ed il tatto, grazie ad un dispositivo che consentirà di trasmettere le sensazioni direttamente al cervello utilizzando delle onde. Il supporto che conterrà il film, oltre alle informazioni visive e sonore, immagazzinerà tutte le informazioni concernenti gli altri sensi.

I robot biologici verranno prodotti in quantità, ed ogni individuo ne avrà molti al suo servizio.

Apprenderemo chimicamente, e sarà possibile imparare in qualche minuto quello che nelle scuole di oggi necessita decine d'anni per essere memorizzato con difficoltà.

Tutte le malattie verranno sconfitte grazie ai progressi della nuova medicina che si basa sulla biologia molecolare.

Si potrà scegliere "alla carta" la personalità dei propri figli, in funzione dei propri gusti o dei bisogni della società.

L'essere umano potrà passare il proprio tempo a sbocciare interiormente e a mettersi in armonia con l'infinito di cui fa parte.

Richiamo Molto Importante

Mi sembra di capitale importanza ricordare con insistenza che tutte le proposte che sono state presentate finora, sono soltanto delle idee.

Sarà poi compito degli stessi geni proporre e mettere in opera delle riforme miranti a fare della Terra un mondo di felicità, di giustizia e di sboccio per tutti gli esseri umani, senza distinzione di razza, religione, cultura o livello di intelligenza, nel quadro di una Geniocrazia Mondiale che metta i geni al servizio dell'Umanità.

Voler dettare ai geni ciò che dovranno fare sarebbe l'opposto della Geniocrazia. Colui che ha esposto le idee contenute in questo libro, spera tutt'al più di essere giudicato capace di far parte del consiglio dei creativi, il cui compito sarà proprio quello di sottoporre nuove idee al giudizio pieno di saggezza del Collegio Mondiale Geniocratico.

III. Creazione Di Un Governo Mondiale Geniocratico

Appello Ai Geni Della Terra

*"Potete anche non occuparvi di politica,
la politica si occupa di voi"*

Ch. De Montalembert

Scienziati, filosofi, artisti del mondo intero, voi che siete sempre stati sfruttati e traditi dai poteri politici ed economici che hanno trasformato le vostre invenzioni in armi micidiali e le vostre opere in pubblicità per le loro ideologie, unitevi!

Abbandonate questi Stati che vi opprimono, obbligandovi a lavorare a dei programmi che non vi interessano. Unitevi per fondare quest'organismo che, in un primo tempo, commercializzerà il frutto delle vostre ricerche, delle vostre invenzioni e delle vostre opere per apportare profitto soltanto a voi stessi e a nessun altro!

Abbandonate queste strutture che vi osservano, vi spiano e vi sorvegliano, al fine di trasformare le vostre equazioni in armi distruttive e i vostri calcoli in missili apocalittici!

Venite a Ginevra, incontratevi almeno una volta e decidete liberamente di lavorare ancora qualche mese nei vostri rispettivi paesi per mettere da parte il necessario per associarvi, e venite a stabilirvi tutti insieme in questo centro universale della pace che getterà le basi del Governo Mondiale Geniocratico.

Passate al di sopra delle frontiere, degli organismi politici e militari, dei club ecologisti che lanciano dei gridi di allarme senza essere ascoltati, e create un Governo Mondiale di fatto.

I mondialisti ed i federalisti credono di poter fare l'unità mondiale rispettando le strutture "Stati-nazioni" che si trincerano dietro il paravento della "non ingerenza negli affari interni di uno Stato sovrano" per dissimulare gli interessi finanziari di coloro che li governano e che non vogliono perdere ciò che li fa vivere: il loro impiego di governanti. Non la otterranno mai, poiché questi uomini politici non abbandoneranno in alcun caso il loro mezzo di sostentamento ed il loro "posto d'onore". Preferirebbero - come già è successo - organizzare dei conflitti per far credere che c'è bisogno di loro da ogni lato della frontiera per "difendere la patria" e giustificare così il proprio salario agli occhi della popolazione (o perlomeno di ciò che ne resterà...).

Bisogna passare sopra le loro teste! Siamo davvero abbastanza insensati per credere che delle persone che traggono grandi benefici dalle strutture attuali, vogliano collaborare alla loro soppressione? I nostri dirigenti di oggi non sono molto intelligenti, ma nemmeno completamente idioti quando si tratta del loro portafoglio...

No, tutto ciò è sordido. È necessario superare tutte queste macchinazioni economico-politiche e, senza chiedere il loro parere, creare un Governo Mondiale di fatto, composto dalla materia prima di cui essi hanno più bisogno: i ricercatori, i geni.

Bisogna svuotare questi micidiali "Stati-nazioni" del loro stesso sangue. Il loro sangue siete voi, i geni della Terra. Prendete coscienza del vostro potere e della vostra potenza, evadete in modo solidale per riunirvi e formare un organismo che infine si occuperà degli interessi dell'Umanità e non di quei pochi privilegiati che ne controllano i governi.

E voi, fratelli miei creatori dell'arte, i dimenticati della civiltà, gli artisti, svegliatevi! Voi che siete trascurati perché siete considerati come degli esseri non redditizi! Non redditizi! Come potete tollerarlo ancora per molto! Milioni di giovani, appassionati di filosofia, di pittura, di musica, di letteratura, d'architettura, di psicologia, di teatro, che vengono lasciati deperire, morire di fame o che vengono obbligati a dirigersi verso le matematiche o le professioni manuali o tecniche, privando così l'Umanità del frutto dei loro lavori e delle loro creazioni.

Quanti Mozart, Van Gogh, Prevert o Nietzsche sono morti in fondo ad una miniera o dopo aver passato la loro vita in una catena di montaggio, invece di fare ciò per cui erano fatti: creare. Ma questo non è "redditizio".

La felicità delle persone, farle vivere nell'armonia delle forme, dei colori e delle parole… questo non è redditizio.

Il 50% del budget di alcuni paesi viene consacrato ai militari; negli stessi paesi solo lo 0,01% è destinato alle arti e alla cultura.

No comment.

Cesare, Napoleone e Hitler battono in pieno Platone, Beethoven e Le Corbusier. Eppure sono vissuti quasi nelle stesse epoche.

$E = MC^2$ = Hiroshima. Einstein piange e rimpiange di non aver distrutto tutti i suoi calcoli. Milioni di morti. Alcuni scienziati hanno appena penetrato i segreti del DNA sintetizzando negli USA un gene di essere umano e considerano la possibilità di creare in laboratorio degli esseri umani sintetici. I militari sbirciano dalla loro parte, pensando al numero fantastico di soldati che si potrebbero fabbricare o ai virus mortali che si potrebbero inventare per poi piazzarli nelle loro bombe.

Basta! Rifiutate di vendervi, ma non fate come Einstein, non dopo. Fermate i vostri calcoli e distruggete tutto, a costo di ricominciare daccapo nel centro di ricerche del Governo Mondiale Geniocratico dove sarete certi che nessun militare potrà entrare e sottrarre i vostri lavori. Portategli via i loro giocattoli! Se fosse stato solo per loro, i militari sarebbero ancora intenti a pugnalarsi e a scagliarsi delle frecce... ma ci sono stati degli scienziati che hanno inventato la polvere da sparo. Un fuoco d'artificio è magnifico. Ma essi ne hanno fatto dei cannoni. Voi avete inventato il motore a scoppio ed essi ne hanno fatto dei carri armati. Voi avete inventato gli aeroplani ed essi ne hanno fatto dei bombardieri. Voi avete inventato i vaccini ed essi ne hanno fatto delle bombe batteriologiche...

È abbastanza. Basta. Svegliatevi e dite no!

Essi sono lì, alle vostre spalle. Non li vedete, ma sfogliano tutti i vostri rapporti. Non sono abbastanza intelligenti per inventare, ma sanno adattare a modo loro le vostre ricette. Voi scoprite per loro la pietra filosofale, ed essi la mettono nelle loro fionde. Vi danno un impiego, dei salari, dei titoli, una medaglia, tutto, purché inventiate per loro dei nuovi giocattoli.

I militari creano organismi scientifici di Stato nei quali vi tengono in ostaggio solo a questo scopo.

Voi lavorate appassionati dalle vostre ricerche, entusiasmati dai vostri progressi che allontanano senza sosta i limiti della conoscenza, ma non vi rendete conto che essi osservano tutto. Sono come delle iene, e quando cade a terra un frammento delle vostre conoscenze, essi vi si gettano sopra e l'utilizzano per uccidere delle popolazioni innocenti prima che abbiate avuto il tempo di capire ciò che stava succedendo.

Abbandonateli!

Unitevi e circondatevi delle garanzie necessarie affinché tutto questo non si ripeta mai più.

Scienziati del mondo intero, voi che siete a Mosca, a New York o a Pechino, voi avete la stessa fiamma dentro. Avete soltanto una passione: la conoscenza. E avete un solo scopo: far progredire l'Umanità per assicurarle un avvenire migliore. Allora non lasciate che i politici ed i loro cani militari s'impadroniscano dei vostri lavori per servirsene a modo loro.

Ripensate sempre al vostro "papà" Einstein: "se solo avessi saputo" ha detto. Ebbene, voi sapete!

Vi state dicendo che vi hanno già sottratto molte conoscenze ed hanno accumulato enormi quantità di armi spaventose?

Non è così importante. Lavorate con priorità assoluta alla messa a punto di mezzi che rendano inefficaci queste armi!

Trovate il modo di proteggerci dagli effetti delle vostre stesse invenzioni. Ma, per carità, prendete in mano le redini del vostro sapere e, allo stesso tempo, quelle dell'Umanità.

Unitevi in seno al Governo Mondiale Geniocratico provvisorio. In attesa che sia definitivo...

La Sede Del Governo Mondiale Geniocratico

Il fatto di raggruppare nella sede del Governo Mondiale Geniocratico tutti i geni delle arti, delle scienze, delle tecniche e della filosofia, costituirebbe in effetti la creazione del cervello dell'Umanità, nel cui ambito verrebbero raggruppati tutti i neuroni che sono rappresentati dai geni in questo immenso corpo umano che è l'Umanità.

Sarà molto importante costruire un rifugio antiatomico molto sofisticato al di sotto di questo centro. Se infatti dovesse scoppiare un conflitto mondiale prima dell'instaurazione della Geniocrazia, tutti i geni membri di questo Governo provvisorio risulterebbero in tal modo protetti e potrebbero ricostruire in seguito una civiltà senza dover subire dei millenni di lenta evoluzione scientifica.

Piano D'azione Del Governo Mondiale Geniocratico

Obiettivi a breve termine (da tre mesi a un anno)

1. Insediamento di un centro mondiale permanente che dia rifugio e mantenga i geni, scienziati, inventori, filosofi e artisti, allo scopo di formare il primo Governo Mondiale Geniocratico (GMG) e fondare un'associazione che commercializzi le loro invenzioni e creazioni pacifiche, a beneficio del GMG.

2. Installazione di una scuola per l'individuazione e lo sboccio dei superdotati e dei geni.

3. Installazione di un centro per il tempo libero e lo sboccio individuale.

4. Creazione di un ufficio del GMG in ogni paese.

5. Stampa di un giornale di collegamento dei geniocratici del mondo.

6. Presentazione di candidati geniocratici alle elezioni in tutti i paesi democratici.

OBIETTIVI A MEDIO TERMINE (DA UN ANNO A TRE ANNI)

1. Creazione di un villaggio permanente di residenti che sbocciano secondo i precetti sviluppati in questo libro (o di quelli pubblicati dai geni del GMG). Parliamo ad esempio di economia distributiva, servizio civile o lavoro forzato ridotto al minimo grazie all'automazione ed alla robotizzazione, o ad una quindicina di giorni di lavoro all'anno, niente denaro, niente servizio militare.

2. Salita al potere in modo democratico in almeno una nazione che diverrà il centro mondiale del GMG.

OBIETTIVI A LUNGO TERMINE (DA TRE ANNI A SETTE ANNI)

1. Assunzione del potere mondiale da parte del GMG e soppressione delle risorse militari. Quest'ultima potrà avvenire volontariamente oppure essere imposta con mezzi dissuasivi come l'utilizzo di armamenti assoluti e non violenti che releghino nei musei quelli oggi esistenti. A questo seguirà la totale distruzione di tutti gli stock di armi di distruzione di massa esistenti sulla Terra, ovunque si trovino.

2. Soppressione delle frontiere e creazione di un Governo Mondiale Geniocratico composto da rappresentanti delle regioni che si saranno definite democraticamente.

Mezzi Di Finanziamento Del Governo Mondiale Geniocratico

Ogni genio (scienziato, inventore o artista) che desidera fondare il Governo Mondiale Geniocratico ogni cittadino del mondo che desidera contribuire a questa creazione dovrà versare alla sede mondiale il 10% del proprio guadagno, istituendo in qualche modo un'imposta mondiale per la creazione di questo governo. In cambio egli potrà:

- mandare i suoi figli nelle strutture scolastiche specializzate, capaci di scoprire e di formare i giovani superdotati ed i giovani geni;

- venire in vacanza nei centri di sboccio individuale;

- trasferirsi definitivamente, il giorno in cui lo desidererà, in uno dei villaggi permanenti che saranno creati e che verranno gestiti geniocraticamente con economia distributiva;

- ricevere un passaporto del Governo Mondiale Geniocratico;

- ricevere un bollettino di collegamento dei geniocratici del mondo.

BIBLIOGRAFIA

1. "I superdotati", di Remy Chauvin, pubblicato nella collezione Laurence Pernoud delle Edizioni Stok.

2. "Arte e scienza" della creatività, pubblicazione del centro culturale di Ceresy la-Salle, pubblicato nella collezione 10/18 dall'Union Générale d'Editions.

3. "La Rivoluzione biologica", di Gordon Rattray Taylor, pubblicato in inglese con il titolo The Biological Time Bomb, in francese dalle edizioni R. Laffont e, nella Collection Marabout Université, dalla Bibliothéque Marabout.

Informazioni Addizionali

Visitate www.geniocracy.net

Indirizzi Internet ufficiali del Movimento Raeliano:

www.rael.org
www.raelianews.org
www.raelradio.net

Per iscriversi alla newsletter scientifica gratuita Rael Science, mandate un e-mail in bianco a: subscribe@rael-science.org

Per avere maggiori informazioni sulle attività del Movimento Raeliano scrivete un e-mail a: italy@rael.org

o inviate una lettera a
Movimento Raeliano Italiano
C.P. 202 - 33170 PORDENONE

ALTRE OPERE DI RAEL

IL MESSAGGIO DEGLI EXTRATERRESTRI

Ogni forma di vita sulla Terra, incluso l'Uomo, è il frutto di una creazione scientifica realizzata dagli Elohim, esseri molto evoluti provenienti da un altro pianeta che misero a frutto, nei laboratori che essi costruirono, le loro avanzate conoscenze nel campo dell'ingegneria genetica e del DNA. Tracce della loro opera sono conservate nella Bibbia, che possiamo considerare il libro ateo più antico del mondo. Infatti la parola Elohim, che figura nella versione biblica originale scritta in Ebraico antico, significa "coloro che sono venuti dal cielo". Gli Elohim, il 13 dicembre del 1973, affidarono a Rael la missione di diffondere questa straordinaria rivelazione e di costruire un'Ambasciata nella quale essi ritorneranno presto ufficialmente, insieme ai grandi Profeti che inviarono nel passato - Gesù, Mosè, Buddha, Maometto ed altri ancora - che sono mantenuti in vita sul loro pianeta grazie alla clonazione, il segreto della vita eterna.

SÌ ALLA CLONAZIONE UMANA

Le attuali tecniche di clonazione sono oggi il primo passo verso la ricerca dell'immortalità o della vita eterna. Quello che le

117

antiche religioni promettevano di raggiungere solo dopo la morte nella visione di un mitico paradiso, sarà invece presto una realtà scientifica qui sulla Terra . Questa è l'affascinante conclusione di Rael in un'ampia ed incisiva esamina di come la scienza rivoluzionerà presto tutte le nostre vite. Con il suo lungimirante sguardo, Rael disegna i dettagli di un futuro sorprendente in cui la nostra nascente tecnologia trasformerà e rivoluzionerà il mondo. La nanotecnologia renderà superflua l'agricoltura e l'industria pesante, le super-intelligenze artificiali supereranno molto presto l'intelligenza umana e sarà possibile vivere eternamente all'interno di un computer, senza bisogno di alcun corpo biologico! Questi scenari non sono la fantascienza del 22° secolo. Tutto questo accadrà nei prossimi 20 anni e lo scopo di questo libro è quello di prepararci a vivere in un meraviglioso, inimmaginabile mondo che sarà trasformato in un vero e proprio paradiso, dove nessuno avrà mai più bisogno di lavorare!

Il Maitreya: Estratti Dei Suoi Insegnamenti

Rael, l'annunciato "Maitreya che viene dall'Occidente", condivide in questo meraviglioso libro i suoi insegnamenti ed i suoi punti di vista, raccolti nel corso dei numerosi Seminari Raeliani che egli ha tenuto negli ultimi 30 anni. In questo libro vengono affrontati molti argomenti, tra cui l'amore, la felicità, la serenità, la spiritualità, la contemplazione, il mito della perfezione, la non-violenza, la scienza, le relazioni affettive e molto altro ancora. Questa lettura è essenziale per chiunque sia interessato a sviluppare il proprio potenziale e desideri vivere una vita più realizzata e gioiosa.

La Meditazione Sensuale

In questo libro Rael ci mostra la via per aprire le nostre menti sul futuro e realizzare il nostro pieno potenziale. Ci insegna come risvegliare i nostri corpi al piacere di tutti i nostri sensi, aiutandoci a capire come trarre il massimo godimento da suoni, colori, sapori, profumi e come apprendere a toccare con maggiore intensità. L'Autore ci aiuta inoltre a sviluppare l'abilità di rimettere in questione e rimuovere le contraddizioni, le ipocrisie, i tabù e le illusioni della nostra cultura che paralizzano la nostra mente. Questo grande regalo che gli Elohim hanno fatto all'Umanità, la Meditazione Sensuale, ci permette di raggiungere un grande livello d'armonia con l'infinita natura di ogni cosa, di godere dell'estasi di esistere e di sperimentare l'orgasmo cosmico della coscienza.

Questi libri sono disponibili gratuitamente in formato e-book e possono essere ordinati in versione cartacea sul sito ufficiale del Movimento Raeliano:

www.rael.org

Seminari e Contatti

Se desideri partecipare ai festival e ai seminari tenuti da Rael nella tua area geografica, puoi contattare il Movimento Raeliano del tuo continente o consultare il sito www.rael.org per la lista aggiornata degli indirizzi e degli indirizzi email, e trovare maggiori dettagli.

AFRICA
05 BP 1444, Abidjan 05
Cote d'Ivoire, Africa
Tel: (+225) 07 82 83 00
Email: africa@rael.org

AMERICAS
P.O.Box 570935
Topaz Station
Las Vegas, NV 89108, USA
Tel: (+1) 888 RAELIAN
Tel: (+1) 888 723 5426
Email: usa@rael.org
Email: canada@rael.org

ASIA
Tokyo-To, Shibuya-Ku
Shibuya 2-12-12
Miki Biru 401, Japan 150-0002
Tel: (+81) 3 3498 0098
Fax: (+81) 3 3486 9354
Email: asia@rael.org

EUROPE
7 Leonard Street
London, England, UK
Tel: +33 (0)6 16 45 42 85
Email: europe@rael.org

OCEANIA
G.P.O. Box 2397
Sydney, NSW 2001
Australia
Tel: +61(0)419 966 196
Tel: +61(0)409 376 544
Email: oceania@rael.org

ITALIA
Movimento Raeliano Italiano
C.P. 202
33170 PORDENONE
Email: italy@rael.org

INDICE ANALITICO